Pasteles

BLUME

Contenido

De la pastelería
Los ingredientes típicos

Tartas de nata, brazos de crema, hojaldres con fruta, pasteles de chocolate, tartaletas... ¿Cuándo una tarta es una tarta? Por supuesto debe ser cremosa o tener mucho chocolate, y también ser alta, estar constituida por muchas capas, mas ¿debe ser redonda? Es mejor que lo sea, aunque lo más importante es que tenga un aspecto irresistible y que su sabor también lo sea. Además, puede comprar los fondos de tarta o bizcochos en la pastelería o –en un caso de extrema necesidad– comprarlos ultracongelados y llevarlos a casa. Pero, con la mano en el corazón, se perderá la mitad de la diversión: hornear es todo un gusto –gusto por lo dulce y por las golosinas. En el fondo, hornear tartas no es tan difícil. La estructura principal es la masa: los ingredientes suelen ser huevos, azúcar, harina y mantequilla. Con ellos puede preparar un bizcocho, que puede cortarse a capas, o una masa quebrada que albergue ricos rellenos. La variedad de rellenos también es enorme. Puede tratarse de cremas a base de nata, licor, chocolate o frutas, utilizadas a modo de relleno o para untar las capas de masa, especialmente en verano, época en que se encuentran disponibles todo tipo de bayas, cerezas y ciruelas, con lo que el corazón de los golosos late con especial alegría. Finalmente, todo el conjunto se adorna con crema batida, virutas de chocolate, figuras de mazapán, glaseados de azúcar, almendras, frutos secos y muchos ingredientes más. Realmente todo es muy sencillo, ¿no le parece?

1

Los **FRUTOS SECOS Y LOS PISTACHOS** (*izquierda*) son ricos en ácidos grasos saturados. Su duración es limitada y deben emplearse lo más frescos posible para hornear o decorar.

1 Los **HUEVOS** son imprescindibles para hornear. La yema aporta suavidad a la masa, mientras que las claras batidas a punto de nieve la hacen más esponjosa. Para repostería son ideales los huevos de gallina frescos de peso medio (entre 53 y 63 g).

2 La **MANTEQUILLA** o margarina: la grasa es una parte básica de la masa: le aporta elasticidad. La mantequilla tiene un sabor más delicado.

3 Es preferible el empleo de **COBERTURA DE CHOCOLATE** al chocolate común, ya que contiene una mayor proporción de manteca de cacao y se derrite con más facilidad. Encontrará cobertura negra (amarga), con leche o blanca.

4 El **LIMÓN** es un aromatizante natural. No sólo su zumo es ideal para aportar sabor, sino también la corteza rallada resulta muy útil como decoración para sus pasteles.

5 La **VAINA DE VAINILLA** contiene una sustancia que le confiere su aroma inconfundible. No es comparable a la vainillina sintética.

6 La **FRUTA**, en especial las bayas de todo tipo, son un ingrediente indispensable en las tartas. Es preferible el uso de fruta fresca y sin magulladuras.

7 La **HARINA** de trigo para repostería da a la masa esponjosidad. Utilice harina de trigo especial para repostería para obtener los mejores resultados.

La **LEVADURA EN POLVO** está compuesta por bicarbonato y un ácido. Al reaccionar con la humedad se produce dióxido de carbono, el cual hace subir la masa y la convierte en esponjosa.

La **GELATINA** es un agente gelificante de origen animal, que se encuentra en forma de hojas o en polvo. La gelatina blanca o roja se remoja primero en agua fría y después se deslía en un líquido caliente. Permite que las cremas cuajen solidificándose. Como sustituto puede utilizar agar-agar, una sustancia vegetal obtenida a partir de unas algas.

¿**CONFITURA** o mermelada? Independientemente del tipo de fruta que debe contener cada una de ellas de acuerdo con la legislación, ambas resultan adecuadas para rellenar un fondo de tarta.

El **MAZAPÁN** está compuesto por almendras molidas, azúcar lustre y un aromatizante. En repostería esta masa base se mezcla a veces con otras preparaciones.

Las **UVAS PASAS** son uvas deshidratadas. Contienen una gran cantidad de azúcar, que endulza las masas.

El **AZÚCAR** no sólo es insustituible como sustancia edulcorante, sino que aparte también da a la masa consistencia y estructura. El azúcar lustre se disuelve rápidamente y es ideal para utilizar en glaseados.

Paso a paso
Las técnicas más importantes en repostería

Hornear pasteles es divertido cuando uno conoce las reglas básicas: trabaje siguiendo las instrucciones de las recetas y no improvise como cuando cocina. Una vez la masa está en el horno es imposible modificarla. Demasiada harina hará que la masa quede bastante dura e incomestible, y demasiado poca la dejará fluida. Las claras de huevo siempre deben batirse en un recipiente limpio y con la batidora limpia para asegurarse de que adquieran la consistencia adecuada. La masa de bizcocho necesita aire para que quede esponjosa. El aire se incorpora a la masa gracias a un batido paciente. Como contrapartida, la masa quebrada necesita frío. Todos los ingredientes, e incluso las manos, deben estar fríos durante el amasado para evitar que la masa se vuelva blanda y pegajosa. Para que la pasta quebrada quede crujiente y no se ablande posteriormente, en ocasiones se hornea «a ciegas»: para ello se coloca una lámina de papel sulfurizado sobre la masa, se cubre con legumbres secas y se prehornea 10 minutos. La masa *choux* o para lionesas se prepara en un cazo. Después se le añaden huevos para que quede bien esponjosa. La cobertura no debe derretirse a una temperatura demasiado elevada para evitar que pierda el brillo.

Derretir la cobertura de chocolate

1 Trocee la cobertura de chocolate con un cuchillo grande sobre una tabla, para poderla derretir uniformemente al baño María.

2 Ponga dos tercios de la cobertura en un cazo. Derrita la cobertura al baño María a una temperatura máxima de 50 °C sin dejar de removerla con la espátula.

3 Saque el recipiente del baño María. Añada la cobertura restante y remueva hasta que se haya derretido.

Hacer hojas de chocolate

1 Las hojas de los cítricos, rosales o vid resultan ideales. Limpie el envés con algodón para que la superficie esté limpia y lisa.

2 Coloque la hoja sobre papel de hornear con el dorso hacia arriba. Aplique la cobertura con un pincel trabajando desde el centro hasta los bordes. Forme varias capas.

3 Guarde las hojas 5 minutos en la nevera. Cuando la cobertura esté fría y sólida, tome la hoja por el pecíolo y sepárela de la cobertura con cuidado.

Preparar pasta quebrada

1 Coloque la harina en forma de volcán. Haga un hueco en el centro, añada dentro el huevo y rodee el borde con trocitos de mantequilla fría.

2 Pique todos los ingredientes con un cuchillo. Así formará grumos grandes, que serán más fáciles de amasar.

3 Amase el conjunto rápidamente con las manos frías (el calor es perjudicial para la pasta quebrada) hasta obtener una pasta lisa.

4 Forme una bola con la pasta, envuélvala con película de plástico y déjela reposar al menos 30 minutos en la nevera.

Preparar pasta *choux*

1 Ponga a hervir agua con un poco de azúcar y sal. Añada la mantequilla y déjela derretir. Vierta la harina de golpe sin dejar de remover.

2 Continúe removiendo a fuego moderado hasta que la pasta esté bien ligada y se separe del fondo del recipiente formando una bola. Transfiérala a un cuenco y mézclela con los huevos de uno en uno.

Preparar bizcocho

1 Bata las yemas y el azúcar en un cuenco situado sobre un cazo con agua hirviendo, con la batidora de varillas, hasta que la mezcla esté espumosa.

2 Retire el cuenco del cazo. Tamice la harina y la maicena sobre las yemas batidas y mezcle bien.

3 Bata las claras a punto de nieve. Añádales el azúcar cuando ya estén firmes.

4 Agregue las claras poco a poco a la mezcla de yemas y harina; utilice una cuchara de madera.

Pasteles modernos

Pirámide
de fresas

Una tarta para enamorar: la reina de las bayas intercalada sobre capas de pasta crujiente para formar una plataforma espectacular.

Ingredientes

Para la pasta crujiente:

100 g de **almendras** molidas

100 g de **mantequilla** ablandada

100 g de **azúcar**

50 g de **harina**

1 cucharada de **crema acidificada**

Para el relleno:

200 g de **chocolate blanco**

100 g de **queso mascarpone**

zumo de 1 naranja

2 hojas de **gelatina** blanca

250 g de **crema de leche** espesa

1 kg de **fresas**

200 g de **fresitas silvestres**

Además:

corazón y **lazo de crocanti**

(de la pastelería)

azúcar lustre para espolvorear

Preparación
PARA 6–8 PERSONAS

1 Precaliente el horno a 200 °C. Bata las almendras, la mantequilla ablandada, el azúcar, la harina y la crema acidificada hasta obtener una pasta uniforme. Forre cuatro moldes de base desmontable de 16, 18, 20 y 22 cm de diámetro con papel sulfurizado. Extienda la pasta en el fondo, alísela y hornee los fondos, uno tras otro, de 10 a 12 minutos cada uno. Si la pasta se hincha, alísela con el dorso de una cuchara. Retire los moldes del horno y déjelos reposar brevemente; desmolde los fondos de tarta y déjelos enfriar.

2 Derrita el chocolate blanco al baño María, y mezcle 150 g con el mascarpone. Extienda el chocolate restante sobre una placa y déjelo enfriar.

3 Caliente el zumo de naranja. Remoje la gelatina en agua fría, exprímala y deslíela en el zumo de naranja. Mezcle una porción de la crema de chocolate con el zumo de naranja y luego mezcle con cuidado el conjunto con la crema de chocolate. Monte la crema de leche y mézclela con la preparación anterior. Prepare y lave las fresas, séquelas, corte a cuartos unos 700 g y mézclelas con la crema de chocolate.

4 Cubra el centro del fondo de tarta más grande con la crema, coloque el segundo encima, cúbralo con más crema y repita la operación hasta agotar todos los fondos de tarta.

5 Corte virutas con el chocolate restante y distribúyalas sobre los bordes junto con las fresas restantes y las fresitas silvestres. Coloque el corazón y el lazo sobre el disco superior, y espolvoree el conjunto con azúcar lustre.

Estrella de lionesas
a la mandarina

Del obrador italiano: lionesas pequeñas y ligeras rellenas de crema

de mandarina y dispuestas en forma de estrella.

Ingredientes

Para la pasta *choux*:

⅛ de l de **leche**

sal · azúcar

75 g de **mantequilla**

150 g de **harina**

4 **huevos**

Para la crema:

6 hojas de **gelatina** blanca

8 **mandarinas o clementinas**

500 g de **queso quark** cremoso

cáscara rallada de 1 limón

2-3 cucharadas de **zumo de limón**

100 g de **azúcar lustre**

400 g de **crema de leche** espesa

2 cucharadas de **licor de naranja**

Además:

azúcar lustre para espolvorear

rodajas de **naranja confitadas**

para decorar

Preparación
PARA 6-8 PERSONAS

1 Precaliente el horno a 200 °C. Ponga a hervir la leche, ⅛ de litro de agua, una pizca de sal y una de azúcar, así como la mantequilla cortada a trocitos pequeños en un cazo. Agregue la harina de golpe. Mezcle con una cuchara de madera hasta que la masa se separe del fondo del recipiente formando una bola y se forme una capa blanca en el fondo. Vierta la pasta en un cuenco e incorpórele un huevo inmediatamente sin dejar de remover. No agregue el siguiente hasta que la pasta esté lisa y uniforme. La pasta está lista cuando tiene un aspecto brillante y resbala de la cuchara.

2 Ponga la pasta en una manga pastelera provista de una boquilla estrellada. Cubra la placa del horno con papel sulfurizado y forme lionesas del tamaño de una pelota de ping-pong. Hornéelas de 25 a 30 minutos y déjelas enfriar.

3 Remoje la gelatina en agua fría. Pele las mandarinas. Elimine completamente la piel de los gajos, córtelos en trozos pequeños y recoja el zumo.

4 Mezcle el queso quark y la cáscara y el zumo de limón con el azúcar lustre. Monte la crema de leche. Exprima la gelatina. Caliente el licor de naranja y deslíe en él la gelatina. Mézclela con la crema de queso. Cuando la crema comience a cuajar, mézclela cuidadosamente con la crema batida y los trozos de mandarina.

5 Abra las lionesas y rellénelas con la crema. Colóquelas en una fuente de servicio formando una estrella y espolvoréelas con el azúcar lustre. Corte las naranjas confitadas en trozos pequeños y decore con ellas las lionesas.

Tarta cremosa
de limón

Preparación

PARA 1 MOLDE DE BASE DESMONTABLE (26 cm Ø)

1 Amase la harina, las avellanas, la vainillina, la yema de huevo, una pizca de sal y la mantequilla. Forme una bola, envuélvala con una película de plástico y déjela en la nevera 1 hora. Engrase el molde. Precaliente el horno a 200 °C.

2 Extienda la pasta y forre con ella el molde, incluidas las paredes. Forre la pasta con papel sulfurizado y llene con las legumbres. Hornee el fondo de tarta unos 10 minutos. Retire las legumbres y el papel y deje enfriar el fondo.

3 Reduzca la temperatura del horno a 150 °C. Para preparar el relleno, bata al baño María la yema con la maicena, 5 cucharadas de crema de leche y 50 g de azúcar lustre. Añádales el zumo y la cáscara de limón. Bata las claras a punto de nieve y agregue el azúcar lustre restante. Incorpore las claras a la crema de limón y distribuya esta mezcla sobre el fondo de tarta; hornee 25 minutos.

4 Bata la crema de leche restante, llene con ella una manga pastelera y decore el borde de la tarta.

16

Ingredientes

Para la pasta quebrada:

150 g de **harina** · 100 g de **avellanas** molidas

1 **sobre de vainillina** azucarada

1 **yema de huevo**

sal · 100 g de **mantequilla** fría

Para el relleno:

5 **yemas de huevo** · 1 cucharada de **maicena**

275 g de **crema de leche** espesa

100 g de **azúcar lustre** · 100 ml de **zumo de limón** · **cáscara de limón** rallada

3 **claras de huevo**

Además:

mantequilla para el molde

legumbres para hornear a ciegas

Ingredientes

Para la pasta crujiente:

50 g de **mantequilla** ablandada

100 g de **azúcar**

50 g de **harina**

3 cucharadas de **zumo de limón**

50 g de **almendras** molidas

Para el relleno:

¾ de l de **zumo de naranja**
recién exprimido

1 cucharadita de **agar-agar**

5 cucharadas de **campari**

Además:

azúcar lustre para espolvorear

10 **kumquats** (naranjas chinas)

melisa para decorar

Tarta crocanti
con jalea de naranja

Preparación
PARA 1 MOLDE DE BASE DESMONTABLE (22 cm Ø)

1 Precaliente el horno a 180 °C. Amase la mantequilla, el azúcar, la harina y el zumo de naranja, añada las almendras y divida la pasta en dos. Extienda una mitad sobre el molde forrado con papel sulfurizado. Hornee 12 minutos y deje enfriar. Extienda la segunda mitad en el molde, hornéela y divídala en 8 trozos.

2 Mezcle el zumo de naranja con el agar-agar y déjelo hervir durante 2 minutos al menos. Añada el campari, deje enfriar y cuando la mezcla comience a cuajar, viértala en el molde forrado con película. Déjela cuajar.

3 Coloque el fondo de tarta en una fuente y desmolde encima la gelatina de naranja. Coloque sobre ésta las porciones de pasta crujiente, comprímalas un poco y espolvoree todo con azúcar lustre. Corte los kumquats a rodajas y póngalas como un abanico sobre cada porción. Adorne con las hojas de melisa.

Tarta de chocolate blanco
con naranjas confitadas

Todo en blanco: una tarta de chocolate no tiene por qué ser de color cacao; adornada con naranjas confitadas resulta absolutamente elegante.

Ingredientes

Para el bizcocho:

6 **yemas de huevo**

180 g de **azúcar**

1 **sobre de vainillina** azucarada

6 **claras de huevo**

120 g de **harina**

80 g de **maicena**

Para el relleno:

6 **hojas de gelatina** blanca

300 g de **cobertura de chocolate** blanco

4 cl de **licor de naranja**

600 g de **crema de leche** espesa

150 g de **naranjas confitadas**

2 cucharadas de **cacao** en polvo

Además:

mantequilla para el molde

cacao en polvo para espolvorear

100 g de **cobertura de chocolate blanco**

2 rodajas de **naranjas confitadas**

Preparación

PARA 1 MOLDE DE BASE DESMONTABLE (26 cm Ø)

1 Precaliente el horno a 175 °C. Engrase el molde. Bata las yemas con la mitad del azúcar y la vainillina hasta que estén espumosas. Bata las claras a punto de nieve y mézclelas con el azúcar restante. Tamice la harina y la maicena sobre las yemas batidas, añada las claras y mezcle el conjunto. Vierta la masa en el molde, alísela y hornee de 25 a 30 minutos. Deje enfriar el bizcocho ligeramente. Después, sepárelo cuidadosamente de las paredes del molde con un cuchillo muy fino, colóquelo sobre una rejilla y déjelo enfriar y reposar al menos durante 2 horas.

2 Remoje la gelatina en agua fría. Derrita la cobertura finamente picada al baño María, añádale el licor de naranja. Exprima la gelatina y mézclela con la cobertura. Monte la crema de leche, reserve una parte y mezcle el resto con el chocolate. Déjela enfriar en la nevera hasta que la mezcla comience a cuajar. Corte las naranjas confitadas a trozos pequeños. Bata ligeramente la mezcla de chocolate y crema, divídala en dos porciones, y haga lo mismo con una de las mitades. Mezcle el cacao en polvo con una de estas porciones y las naranjas confitadas troceadas con la otra.

3 Divida el bizcocho en tres capas. Extienda la mezcla de chocolate oscuro sobre la capa inferior, coloque una nueva capa de bizcocho y extienda la mezcla de chocolate y naranja. Cúbralo con la tercera capa y cubra totalmente con la mezcla de chocolate y crema batida. Adórnelo con 16 copetes de crema y espolvoree con el cacao en polvo. Deje enfriar la tarta unas 3 horas en la nevera. Corte virutas de la cobertura blanca y adorne con ellas el centro de la tarta. Corte las rodajas de naranja a cuartos y altérnelos sobre los copos de crema batida.

Tarta de queso
a la lima

Ideal para los cálidos días de verano: esta tarta que se cuaja en la nevera está rellena de crema de queso fresco aromatizada con lima.

Ingredientes

Para la base:

100 g de **mantequilla**

250 g de **galletas** tipo digestivo

Para el relleno:

6 hojas de **gelatina** blanca

350 g de **queso crema**

150 g de **azúcar** blanquilla

2 **huevos**

zumo y **cáscara rallada**
de 2 **limas**

300 g de **crema de leche** espesa

Además:

gajos de lima

melisa para decorar

Preparación

PARA 1 MOLDE DE BASE DESMONTABLE (22 cm Ø)

1 Derrita la mantequilla a fuego lento en un cazo pequeño. Envuelva las galletas con un paño de cocina o póngalas en una bolsa de congelación y píquelas aplastándolas con un rodillo de cocina. Mezcle las migas de galleta con la mantequilla para obtener la pasta.

2 Forre el molde de fondo desmontable con película de plástico. Distribuya la pasta de migas sobre el fondo del molde y comprímala. Deje enfriar el fondo de la tarta de 1 a 2 horas en la nevera.

3 Remoje la gelatina en agua fría. Mezcle en un cuenco el queso crema con el azúcar. Añádales poco a poco los huevos y la cáscara de lima.

4 Exprima ligeramente la gelatina y deslíela en el zumo de lima a fuego suave. Añada la gelatina al queso sin dejar de remover. Enfríe la mezcla unos 30 minutos.

5 Bata la crema de leche y mézclela con la preparación de queso. Distribuya esta crema sobre el fondo de tarta y alísela. Vuelva a dejar enfriar la tarta entre 2 y 3 horas en la nevera. Saque la tarta de queso del molde y retire la película. Decore con gajos de lima y melisa.

Tarta de mariposas
con crema de piña

Las mariposas de fruta dispuestas sobre la tarta
quedan espectaculares.

Ingredientes

Para el bizcocho:

4 **huevos**

200 g de **azúcar**

1 sobre de **vainillina** azucarada

200 g de **harina**

1 cucharadita de **levadura**
en polvo

Para el relleno:

6 hojas de **gelatina** blanca

350 g de **piña** en almíbar (conserva)

400 g de **crema de leche** espesa

Además:

400 g de **crema de leche** espesa

2 sobres de **estabilizante** para nata

4 **rodajas de piña** (en conserva)

4 **fresas** · 1 **lima**

2 cucharadas de **pistachos**
finamente picados

melisa

Preparación

PARA 2 MOLDES DE BASES DESMONTABLES (18 cm, 26 cm Ø)

1 Precaliente el horno a 180 °C. Separe los huevos. Bata las yemas con 4 cucharadas de agua, el azúcar y la vainillina azucarada hasta que estén espumosas. Monte las claras a punto de nieve y viértalas sobre las yemas. Tamice la harina y la levadura en polvo por encima y amalgame el conjunto con cuidado.

2 Forre el fondo de los moldes con papel sulfurizado y llénelos hasta la mitad con la masa. Hornéelos durante 30 minutos. Sáquelos del horno y déjelos enfriar ligeramente. Separe con cuidado los bordes del molde con un cuchillo fino, coloque los fondos de tarta sobre una rejilla, déjelos enfriar y que reposen al menos 2 horas.

3 Remoje la gelatina en agua fría. Deje escurrir la piña, córtela a trozos y redúzcala a puré. Deslíe la gelatina exprimida en un cazo a fuego lento y añada el puré de piña. Monte la crema de leche y añádala a la mezcla anterior fría. Divida las tartas en 2 capas. Disponga una de las capas de la tarta de mayor tamaño sobre una fuente, cúbrala con el relleno de piña y coloque encima el resto de las capas rellenadas con la crema de piña. Deje enfriar en la nevera. Para decorar la tarta monte los 400 g de crema de leche con el estabilizante y la vainillina y cubra la tarta con esta mezcla.

4 Seque las rodajas de piña y córtelas en trozos de unos 4 cm de longitud. Haga pequeñas incisiones triangulares en los bordes exteriores. Lave y divida las fresas a octavos. Lave la lima y corte la cáscara a tiras muy finas. Ponga la piña, las fresas y las tiras de lima sobre la tarta en forma de mariposas: la piña para las alas, las fresas para el cuerpo y la lima para las antenas. Espolvoree la tarta con pistachos picados y decórela con hojas de melisa.

Triángulos de chocolate
rellenos de crema a la menta

Preparación
PARA 8–10 PERSONAS

1 Precaliente el horno a 220 °C. Bata las yemas con una pizca de sal, la cáscara de limón y la mitad del azúcar. Bata las claras a punto de nieve con el azúcar restante. Tamice la harina, la maicena y el cacao sobre las yemas, mezcle bien, agregue las claras y amalgame el conjunto.

2 Extienda la masa sobre una placa para hornear forrada con papel sulfurizado y hornee de 8 a 10 minutos. Vuelque el bizcocho sobre un paño de cocina húmedo, retire el papel y cúbralo con otro paño húmedo y deje enfriar.

3 Remoje la gelatina en agua fría. Mezcle la leche, la crema de leche, el azúcar, la maicena y las yemas, y hierva la crema brevemente. Retírela del fuego y mézclela con el licor de menta. Deslíe la gelatina en 3 a 4 cucharadas de la mezcla caliente y vuélvala a mezclar con la crema restante. Deje enfriar durante una hora hasta que comience a cuajar. Pique groseramente las chocolatinas de menta y añádalas a la preparación anterior. Divida el bizcocho en dos capas y extienda la mezcla de menta sobre una mitad. Cubra con la segunda mitad, presione brevemente y deje enfriar unas 2 horas.

24

Ingredientes

Para el bizcocho:

8 **yemas de huevo** · sal

2 cucharaditas de **cáscara de limón** rallada

100 g de **azúcar** · 4 **claras de huevo**

60 g de **harina** · 2 cucharadas de **maicena**

50 g de **cacao en polvo**

Para el relleno:

4 **hojas de gelatina** blanca

¼ de l de **leche** · 75 g de **azúcar**

200 g de **crema de leche** espesa

1 cucharadita de **maicena**

2 **yemas de huevo**

2 cucharadas de **licor de menta**

100 g de **chocolatinas rellenas de menta**

Ingredientes

Para el fondo de tarta:

200 g de **galletas de mantequilla**

80 g de **mantequilla** derretida

Para el relleno:

5 **hojas de gelatina** blanca

300 g de **frambuesas**

400 g de **queso fresco**

125 g de **crema acidificada**

4 cucharadas de **azúcar**

zumo y **cáscara rallada** de un limón

200 g de **crema de leche** espesa

Para el glaseado:

1 sobre de **gelatina** roja y el **azúcar**

necesario

100 g de **frambuesas** para decorar

Tarta de queso fresco
y frambuesas

Preparación
PARA 1 MOLDE DE BASE DESMONTABLE (24 cm Ø)

1 Coloque las galletas en una bolsa y redúzcalas a migas con un rodillo. Mezcle las migas con la mantequilllla derretida, distribúyalas sobre el fondo del molde y presione para adherirlas. Deje enfriar unos 30 minutos.

2 Remoje la gelatina en agua fría. Limpie las frambuesas. Mezcle el queso fresco, la crema acidificada, el azúcar, el zumo y la cáscara de limón. Caliente la gelatina exprimida con 3 cucharadas de la mezcla de queso fresco. Añádala a la mezcla de queso restante y mezcle bien. Monte la crema de leche e incorpórela a la mezcla. Vierta ⅓ de la crema sobre el fondo de tarta y alísela. Extienda encima las frambuesas y la crema restante, y alise. Déjelo enfriar 2 horas en la nevera.

3 Prepare la gelatina roja y déjela enfriar. Viértala sobre la crema y decore con las frambuesas. Reserve en la nevera 2 horas.

Tarta roja y blanca
con *mousse* de fresas

Ideal para un cumpleaños infantil, aunque los adultos también

disfrutarán de esta tarta cuadriculada como un tablero de ajedrez.

Ingredientes

Para la pasta quebrada:

50 g de **mazapán**

60 g de **mantequilla** fría

100 g de **harina**

2 cucharadas de **azúcar**

1 **yema de huevo**

Para el relleno:

3 hojas de **gelatina** roja

9 hojas de **gelatina** blanca

200 g de **fresas**

3 **huevos** · 100 g de **azúcar**

500 g de **yogur**

1 sobre de **vainillina** azucarada

200 g de **crema de leche** espesa

Además:

mantequilla para el molde

6 hojas de **gelatina** blanca

500 g de **fresas**

3 cucharadas de **azúcar**

100 g de **crema acidificada**

pistachos picados para adornar

Preparación

PARA 1 MOLDE DE BASE DESMONTABLE (26 cm Ø)

1 Corte el mazapán y la mantequilla a trozos pequeños, mézclelos con harina, azúcar y yemas de huevo y amase. Forme una bola, envuélvala con película de plástico y déjela en la nevera unos 30 minutos. Precaliente el horno a 200 °C. Engrase el fondo del molde y extienda la pasta encima. Pínchela varias veces con un tenedor y hornéela de 15 a 20 minutos, retírela y déjela enfriar.

2 Remoje la gelatina roja y la blanca por separado en agua fría. Prepare las fresas y redúzcalas a puré. Separe las claras de las yemas; bata las yemas con 75 g de azúcar hasta que estén espumosas y añádales la gelatina blanca exprimida. Mezcle el yogur con la vainillina azucarada y luego con las yemas batidas. Monte las claras y la crema de leche por separado y mézclelas con la preparación anterior. Divídala en dos, y mezcle una de las mitades con el puré de fresas, la gelatina roja exprimida y el azúcar restante. Coloque ambas mezclas de gelatina en la nevera hasta que la gelatina empiece a cuajar.

3 Ponga el fondo de tarta en el molde. Llene 2 mangas pasteleras con boquilla lisa con cada una de las cremas y forme 2 capas de círculos concéntricos alternando ambos colores. Déjelo enfriar.

4 Remoje la gelatina en agua fría. Prepare las fresas y redúzcalas a puré. Mezcle la gelatina derretida y el azúcar con el puré de fresas, distribuya la mezcla sobre la tarta y alísela. Alise la superficie de la tarta, ponga la crema acidificada en una manga pastelera provista de una boquilla muy fina, y dibuje círculos concéntricos sobre la tarta. Con unos palillos de madera, estire unas líneas hacia los lados. Deje reposar la tarta en la nevera 2 horas antes de servir. Adorne el borde con los pistachos picados.

Tarta de chocolate
con bombones

¿Quién puede resistirse a esta tentación? Lo especial de esta tarta son las bolas de jengibre confitado, que proporcionan una nueva experiencia al paladar.

Ingredientes

Para el bizcocho:

200 g de **mazapán** · **sal**

80 g de **mantequilla** ablandada

½ **vaina de vainilla**

7 **yemas de huevo**

100 g de bolas de **jengibre confitado** (en conserva)

80 g de **harina**

60 g de **cacao en polvo**

7 **claras de huevo**

160 g de **azúcar**

200 g de **cobertura de chocolate** negro

Además:

mantequilla y **pan rallado** para el molde

cobertura de chocolate blanco y negro

bolas de **jengibre confitado** recubiertas de chocolate

bombones y **frutas secas** recubiertas de chocolate

Preparación

PARA 1 MOLDE DE BASE DESMONTABLE (24 cm Ø)

1 Precaliente el horno a 180 °C. Amase el mazapán con la mantequilla, una pizca de sal y el interior de la vaina de vainilla. Añada las yemas de huevo y bata hasta que la preparación esté espumosa. Escurra las bolas de jengibre, córtelas a dados pequeños y añádalas a la mezcla. Tamice la harina y el cacao en polvo. Monte las claras con el azúcar. Mezcle porciones de claras batidas a punto de nieve con la mezcla anterior. Agréguele poco a poco la mezcla de harina y cacao e incorpórela con mucho cuidado.

2 Engrase el molde con mantequilla y espolvoréelo con pan rallado. Vierta la mezcla dentro y alise la superficie. Hornee unos 50 minutos. Vuelque la tarta sobre una rejilla y déjela enfriar.

3 Derrita la cobertura al baño María y recubra la tarta formando una capa gruesa, sin descuidar las paredes. Alísela y después utilice una espátula acanalada para adornar los laterales. Deje enfriar la tarta.

4 Forme virutas con la cobertura blanca y la negra. Decore la tarta con las virutas, las bolas de jengibre recubiertas de chocolate y los bombones.

Si tiene niños que vayan a comer esta tarta, debe asegurarse de que ninguno de los bombones contiene alcohol. Es preferible decorar la tarta con gominolas o grageas de chocolate.

Tarta de frutas, crema
y pistachos

Preparación
PARA 1 MOLDE DE BASE DESMONTABLE (24 cm Ø)

1 Precaliente el horno a 170 °C. Forre el fondo del molde con papel de hornear.

2 Separe los huevos. Bata las yemas de huevo con 170 g de azúcar hasta que estén espumosas. Añádales ⅛ de l de agua tibia, la esencia de vainilla y el zumo de limón, las migas junto con la levadura en polvo y mezcle bien. Monte las claras con una pizca de sal y el azúcar restante e inclúyalas en la mezcla. Viértala en el molde y hornee cerca de 1 hora. Deje enfriar la tarta sobre una rejilla.

3 Corte el bizcocho en 4 capas. Remoje la gelatina en agua fría. Monte la crema de leche. Derrita la gelatina sin exprimir a fuego lento y añádala a la crema batida. Divida ésta en 4 porciones. Mezcle trozos de piña, confituras de albaricoque y frambuesa con cada una de las porciones. Cubra cada una de las capas de tarta con una de estas mezclas. Sobrepóngalas y cúbralas con la cuarta capa. Reparta la crema batida sobrante sobre el exterior de la tarta y decórela con trozos de pistacho. Deje enfriar durante 1 hora.

Ingredientes

Para el bizcocho:

6 **huevos** · 250 g de **azúcar** · **sal**

½ frasco de **esencia de vainilla**

½ cucharada de **zumo de limón**

250 g de **migas de pastel** (de otro bizcocho, por ejemplo)

½ cucharadita de **levadura en polvo**

Para el relleno:

6 hojas de **gelatina** blanca

750 g de **crema de leche** espesa

150 g de **trozos de piña**

125 g de **confitura de albaricoque**

125 g de **confitura de frambuesa**

25 g de **pistachos** picados

Ingredientes

Para el bizcocho:

4 **yemas** y 4 **claras de huevo**

125 g de **azúcar**

1 **sobre de vainillina** azucarada

80 g de **harina**

40 g de **maicena**

40 g de **cacao en polvo**

Para el relleno y el glaseado:

1 **plátano**

50 g de **mantequilla** ablandada

300 g de **queso fresco**

70 g de **azúcar lustre**

1 sobre de **vainillina** azucarada

colorante alimentario amarillo

30 g de **cobertura de chocolate** negro

Pastel de plátano
y chocolate

Preparación
PARA 4 PERSONAS

1 Precaliente el horno a 175 °C. Bata las yemas con la mitad del azúcar y la vainillina azucarada hasta que estén espumosas. Monte las claras con el azúcar restante e incorpórelas a las yemas. Tamice encima la harina, la maicena y el cacao y mezcle. Extienda la mezcla sobre una placa y hornee de 12 a 15 minutos. Vuelque el bizcocho sobre un paño de cocina y déjelo enfriar. Prepare una plantilla «aplatanada» de unos 30 cm con cartón. Corte 2 formas de plátano sobre el bizcocho.

2 Pele el plátano y aplástelo con la mantequilla, el queso fresco, el azúcar lustre y la vainillina azucarada. Separe un tercio de la crema y tíñala de amarillo con el colorante. Extienda la crema de queso fresco sobre una de las plantillas de plátano, coloque la segunda encima presionando ligeramente y cúbrala con la crema teñida de amarillo. Deje reposar 30 minutos en frío. Rellene una manga pastelera de boquilla fina con la cobertura de chocolate derretida al baño María y decore el plátano.

Piscina
de malvavisco

¿Le apetece un chapuzón? Dé rienda suelta
a su creatividad y construya esta dulce piscina.

Ingredientes

Para el bizcocho:

2 **huevos**

100 g de **azúcar**

75 g de **harina**

50 g de **maicena**

1 cucharadita rasa de **levadura
en polvo**

Además:

4 hojas de **gelatina** blanca

1 cucharada de **azúcar**

colorante alimentario azul

1 **clara de huevo**

250 g de **azúcar lustre**

bizcochos de soletilla

malvaviscos pequeños

grageas de chocolate pequeñas

un poco de **pasta quebrada**

Preparación

PARA 1 MOLDE DE BASE DESMONTABLE (18 cm Ø)

1 Precaliente el horno a 180 °C. Para preparar el bizcocho, separe los huevos. Monte las claras. Mezcle las yemas con 2 o 3 cucharadas de agua y azúcar hasta que estén espumosas, agregue las claras y mezcle con cuidado. Mezcle la harina, la maicena y la levadura en polvo, tamícelo sobre la preparación anterior y amalgame con cuidado. Cubra el fondo del molde con papel de hornear. Llénelo con la masa de bizcocho y hornee unos 25 minutos. Desmolde el bizcocho y deje enfriar sobre una rejilla.

2 Remoje la gelatina en un poco de agua fría. Caliente el azúcar en $1/4$ de l de agua y tíñala de azul con el colorante alimentario. Deslíe dentro la gelatina. Vierta la mezcla en un cuenco y déjela cuajar en la nevera.

3 Bata las claras con el azúcar lustre tamizado hasta obtener una mezcla. Ponga de 2 a 3 cucharadas de esta mezcla en una manga pastelera provista de una boquilla pequeña. Deslíe el resto con un poco de agua y cubra con ello la tarta. Coloque los bizcochos de pie contra las paredes de la tarta. Cubra el borde superior con la mezcla de clara de huevo y decore con los malvaviscos y las grageas de chocolate.

4 Construya largueros y barrotes de masa quebrada para la escalera y péguelos a la tarta con la mezcla de clara de huevo contra la piscina. Pique la gelatina azul y distribúyala sobre la superficie de la piscina. Decore la piscina al gusto con gominolas, muñequitos, golosinas y sombrillas de papel.

Pasteles de frutas

Tarta de yogur, frambuesa
y bizcocho de chocolate

El verano nos saluda: las suaves frambuesas combinadas con una crema fresca de yogur entre capas de bizcocho de chocolate despiertan todos nuestros sentidos.

Ingredientes

Para el bizcocho:

6 yemas de huevo

180 g de azúcar

1 sobre de vainillina azucarada

6 claras de huevo

80 g de harina

60 g de maicena

60 g de cacao en polvo

Para el relleno:

6 hojas de gelatina blanca

500 g de yogur

150 g de nata líquida

100 g de azúcar

2 cucharaditas de cáscara
de limón rallada

300 g de confitura de frambuesa

600 g de frambuesas

300 g de crema de leche espesa

Además:

mantequilla para el molde

Preparación
PARA 1 MOLDE DE BASE DESMONTABLE (26 cm Ø)

1 Para el bizcocho, mida los ingredientes necesarios con exactitud y prepárelos. Engrase el fondo del molde. Precaliente el horno a 175 °C. Bata las yemas con la mitad del azúcar y la vainillina azucarada hasta que estén espumosas. Monte las claras a punto de nieve y añádales el azúcar restante. Mezcle las claras con las yemas.

2 Tamice la harina con la maicena y el cacao en polvo sobre la mezcla de huevo y amalgame con cuidado. Vierta la preparación en el molde, alísela y hornéela de 25 a 30 minutos. Deje enfriar la tarta ligeramente, separe las paredes del molde con un cuchillo fino, vuélquela sobre una rejilla y déjela enfriar. Déjela reposar por lo menos 2 horas. Divida el bizcocho en 3 capas.

3 Para el relleno, remoje la gelatina en agua fría. Mezcle el yogur, la nata líquida, el azúcar y la cáscara de limón. Deslíe la gelatina sin escurrir a fuego lento, mézclela con la crema de yogur y resérvela en la nevera hasta que comience a cuajar. Cubra 2 capas de bizcocho con unos 100 g de confitura cada una y coloque una sobre otra. Coloque las capas sobre el molde.

4 Lave las frambuesas, séquelas y reserve 100 g. Monte la crema de leche y mézclela con las frambuesas y la crema de yogur. Extienda la mitad de esta crema sobre las dos capas ya montadas. Coloque encima la tercera capa y cúbrala con la confitura restante. Extienda por último la crema restante y decore con las frambuesas reservadas. Deje reposar la tarta en la nevera 2 horas, como mínimo.

Tarta de campari
con pomelo y naranja

El secreto está en la mezcla: dos tipos de pasta forman la base para las naranjas
y los pomelos ligeramente amargos mezclados con una crema sorprendente.

Ingredientes

Para la pasta quebrada:

150 g de **harina** · **1 clara de huevo**

4 cucharadas de **azúcar** · **sal**

100 g de **mantequilla**

Para el bizcocho:

50 g de **mantequilla** · **3 huevos** · **sal**

150 g de **azúcar** · 100 g de **harina**

Para el relleno:

2 **pomelos** rosas · 4 **naranjas**

7 hojas de **gelatina** blanca

125 g de **azúcar lustre** · 300 g de **yogur**

300 g de **queso mascarpone**

5 cucharadas de **campari**

600 ml de **zumo de pomelo**

400 g de **crema de leche** espesa

Además:

mantequilla para el molde

3 cucharadas de **confitura**

de naranja

1 sobre de **glaseado** blanco

para tartas

125 g de **almendras** fileteadas

Preparación

PARA 1 MOLDE DE BASE DESMONTABLE (28 cm Ø)

1 Amase todos los ingredientes de la pasta quebrada, forme una
bola y déjela reposar en la nevera durante 1 hora envuelta en
película de plástico. Precaliente el horno a 200 °C. Extienda la
pasta entre 2 capas de papel sulfurizado y sobre el fondo de un
molde forrado con dicho papel. Hornee la pasta unos 10 minutos
y déjela enfriar. Para el bizcocho, derrita la mantequilla, y separe
las yemas de las claras. Monte las claras con una pizca de sal y la
mitad del azúcar. Bata las yemas con 3 cucharadas de agua caliente
y el azúcar restante hasta que estén espumosas. Incorpore la
harina, las claras montadas a la mezcla de yemas y la mantequilla.
Engrase el molde, vierta dentro la masa y hornee a 180 °C unos
30 minutos. Deje enfriar el bizcocho y divídalo en 2 capas.

2 Caliente la confitura, tamícela y extiéndala sobre el fondo de
pasta quebrada. Coloque encima una capa de bizcocho y sujete
estas capas con la pared del molde desmontable. Pele los pomelos
y las naranjas y retire la piel de los gajos. Remoje la gelatina en
agua fría. Mezcle el azúcar lustre con el yogur, el mascarpone y
2 cucharadas de campari. Exprima la gelatina y deslíela en 350 ml
de zumo de pomelo caliente que después mezclará con la crema.
Reserve en la nevera hasta que la preparación comience a cuajar.

3 Monte la crema de leche, reserve 5 cucharadas y mezcle el resto
con la crema. Coloque la mitad de los gajos de fruta sobre el
bizcocho y extienda la crema encima. Cubra con la segunda capa
de bizcocho y deje enfriar durante 2 horas. Coloque los gajos
restantes de pomelo y naranja sobre la tarta en círculo. Mezcle
el campari restante con el zumo de fruta sobrante. Prepare el
glaseado con ellos, cubra la tarta y déjela enfriar. Retire el aro del
molde, cubra las paredes con crema y adorne con almendras.

Tarta de uva espina
merengada

Preparación

1 Amase los ingredientes de la pasta, envuélvala con película de plástico y déjela en la nevera unos 30 minutos.

2 Para la crema, sumerja las uvas en agua hirviendo y escúrralas. Hierva ⅜ de l de leche con la vaina de vainilla abierta. Mezcle el azúcar, una pizca de sal, la yema, la leche restante y la harina y añádalo a la leche hirviendo sin dejar de remover hasta que vuelva hervir. Tamice esta crema y mézclela con las uvas espinas. Déjela enfriar.

3 Precaliente el horno a 200 °C. Extienda la pasta sobre la superficie de trabajo enharinada y corte un círculo de 26 cm de diámetro, con el que forrará el fondo y las paredes de un molde cubierto con papel sulfurizado. Hornee de 15 a 20 minutos y deje enfriar. Distribuya la crema de uvas sobre el fondo de tarta en forma de cúpula y déjela enfriar de 2 a 3 horas. Precaliente el horno a 250 °C. Bata las claras a punto de nieve con una pizca de sal y añádales el azúcar. Llene una manga pastelera con el merengue y decore la tarta. Hornee.

40

Ingredientes

Para la pasta quebrada:

300 g de **harina** · 100 g de **azúcar**

1 **huevo** · 200 g de **mantequilla** fría

Para la crema:

500 g de **uvas espinas**

½ l de **leche**

1 **vaina de vainilla**

100 g de **azúcar** · **sal**

5 **yemas de huevo**

60 g de **harina**

Para el merengue:

4 **claras de huevo**

sal

200 g de **azúcar**

Ingredientes

Para la pasta quebrada:

250 g de **harina** · 125 g de **mantequilla**

1 pizca de **levadura en polvo**

125 g de **mantequilla**

1 **huevo** · 65 g de **azúcar** · **sal**

Para el relleno:

750 g de **queso quark** descremado

200 g de **crema acidificada**

2 sobres de **vainillina azucarada**

1 lata de **leche de coco** azucarada (250 ml)

4 **huevos** · 3 cucharadas de **maicena**

150 g de **cerezas** · 150 g de **frambuesas**

100 g de **azúcar**

Además:

mantequilla para el molde

Tarta de queso
con cerezas y frambuesas

Preparación
PARA 1 MOLDE DE BASE DESMONTABLE (26 cm Ø)

1 Mezcle la harina con la levadura en polvo y amásela con la mantequilla troceada, el huevo y una pizca de sal. Envuélvala en plástico y déjela en la nevera 30 minutos.

2 Para el relleno, separe los huevos. Mezcle el queso con la crema acidificada, la vainillina azucarada, la yema, la leche de coco y la maicena hasta obtener una mezcla homogénea. Precaliente el horno a 175 °C. Engrase el molde con mantequilla. Extienda la pasta sobre la superficie de trabajo enharinada hasta formar un círculo con el que forrará el molde. Limpie y lave las cerezas y las frambuesas, séquelas. Separe unas cuantas.

3 Bata las claras a punto de nieve, añádales el azúcar y bata unos 4 o 5 minutos más. Incorpórelas a la mezcla de queso junto con las cerezas y las frambuesas. Distribuya esta preparación sobre la pasta y alísela. Hornee una hora. Sáquela del horno y déjela enfriar. Decore.

Cúpula de fresas
con pistachos

Las fresas dan el tono: en puré o enteras,

capa a capa son un auténtico placer.

Ingredientes

Para la pasta crujiente:

3 **huevos**

100 g de **azúcar**

60 g de **harina**

cáscara rallada de 1 limón

150 g de **almendras** molidas

Para la gelatina:

200 g de **fresas**

6 hojas de **gelatina** blanca

250 ml de **zumo de grosellas**

4 cucharadas de **azúcar**

Para la crema:

8 hojas de **gelatina** roja

300 g de **fresas**

250 g de **requesón** o **quark**

100 g de **azúcar**

cáscara rallada y **zumo de 1 limón**

200 g de **crema de leche** espesa

Además:

50 g de **pistachos** picados

Preparación

PARA 1 MOLDE DE BASE DESMONTABLE (26 cm Ø)

1 Precaliente el horno a 200 °C. Separe los huevos. Bata las claras a punto de nieve y añádales poco a poco la mitad del azúcar. Mezcle las yemas con el azúcar restante hasta que estén cremosas. Añádales la harina, la cáscara rallada del limón, las almendras y, luego, las claras a punto de nieve. Forre el molde con papel de hornear, vierta la pasta, alísela y hornee durante unos 20 minutos. Retírelo del horno.

2 Prepare las fresas y córtelas a rodajas. Remoje la gelatina en agua fría. Mezcle el zumo de grosellas con el azúcar. En un cazo pequeño deslíe la gelatina a fuego lento en un poco de zumo y mézclela con el zumo restante. Viértala con las fresas en el fondo de un cuenco redondeado (de 26 cm de diámetro en el borde superior, hasta ⅓ de su volumen). Reserve el cuenco en la nevera y deje cuajar la gelatina casi del todo. Divida la pasta crujiente en 2 capas. Recorte una de las capas y colóquela sobre la gelatina.

3 Para la crema, remoje la gelatina en agua fría. Prepare y lave las fresas, reserve algunas y reduzca las restantes a puré. Deslíe la gelatina sin escurrir en un cazo a fuego lento y añada al puré de fresas. Añada el requesón, el azúcar, la cáscara y el zumo de limón. Reserve la preparación en la nevera hasta que empiece a cuajar.

4 Monte la crema de leche y mézclela con el puré de fresas. Vierta esta crema sobre la capa de pasta crujiente, alísela y coloque encima la segunda capa de pasta. Déjela reposar durante toda la noche en la nevera. Separe el borde de la tarta con un cuchillo fino, y sumerja la base del cuenco en agua caliente. Vuelque la tarta sobre una fuente y decórela con rodajas de fresa y pistachos picados.

Pastel de mandarina
y crema de queso

Una **combinación** clásica: la fruta no sólo está arropada
por la crema, sino que también decora la superficie del **pastel**.

Ingredientes

Para la pasta de quark y aceite:

150 g de **queso quark** descremado

4 cucharadas de **aceite**

1 **huevo** · 50 g de **azúcar**

200 g de **harina**

½ cucharadita de **levadura**

en polvo

Para el relleno:

470 g de **mandarinas**

(en conserva)

750 g de **queso quark** descremado

250 g de **crema acidificada**

1 sobre de **flan de vainilla en polvo**

1 cucharadita de **levadura en polvo**

3 **huevos**

100 g de **mantequilla** ablandada

150 g de **azúcar**

1 cucharada de **zumo de limón**

1 cucharadita de **cáscara de**

limón rallada

Además:

mantequilla para el molde

azúcar lustre

Preparación

PARA 1 MOLDE DE BASE DESMONTABLE (26 cm Ø)

1 Coloque el quark sobre un paño de cocina limpio, déjelo escurrir y exprímalo con las manos con cuidado. Mezcle el queso con el aceite, el huevo, el azúcar, la harina y la levadura en polvo y amáselo todo. Precaliente el horno a 180 °C. Engrase el molde con mantequilla.

2 Para el relleno, escurra las mandarinas en un colador. Mezcle el queso quark en un cuenco con la crema acidificada, el flan de vainilla en polvo y la levadura en polvo.

3 Separe los huevos. Bata las yemas con la mantequilla y el azúcar hasta que estén espumosas y mézclelas con la preparación de quark. Bata las claras a punto de nieve con el zumo y la cáscara de limón e incorpórelas con cuidado a la mezcla de quark. Corte la mitad de los gajos de mandarina escurridos a trozos pequeños y mézclelos con el quark.

4 Extienda la pasta sobre la superficie de trabajo enharinada, forre el fondo y las paredes del molde, vierta dentro el relleno de requesón y coloque las mandarinas restantes de forma decorativa sobre el pastel.

5 Hornee el pastel unos 60 minutos, sáquelo del horno, déjelo enfriar ligeramente, desmóldelo y déjelo enfriar del todo. Espolvoréelo con azúcar lustre antes de servir.

Tarta de uvas
al vino blanco

Preparación
PARA 4 PERSONAS

1 Remoje la gelatina en agua fría. Bata las yemas de huevo con 100 g de azúcar, el zumo de limón y 200 ml de vino al baño María hasta que estén espumosas. Exprima bien la gelatina y deslíela a fuego lento en un cazo con 50 ml de vino. Mézclela con 3 cucharadas de crema de vino y después mezcle toda la gelatina con la crema de vino. Déjela enfriar 1 hora; remueva de vez en cuando.

2 Cuando la crema comience a cuajar, monte la crema de leche y mézclela con la crema anterior. Coloque una capa de bizcocho sobre la base del molde y ciérrelo con el aro. Cubra el fondo de bizcocho con la crema y alísela.

3 Lave las uvas, sepárelas de los tallos y séquelas con cuidado. Disponga las uvas sobre la crema y presiónelas ligeramente. Reserve la tarta unas 3 horas en la nevera. Prepare la cobertura de gelatina según las instrucciones del fabricante con el vino restante y 25 g de azúcar. Cubra las uvas con la gelatina. Enfríe de nuevo durante 30 minutos.

46

Ingredientes

8 hojas de **gelatina** blanca

4 **yemas de huevo**

125 g de **azúcar**

2 cucharadas de **zumo de limón**

375 ml de **vino blanco dulce**

(por ejemplo, riesling)

400 g de **crema de leche** espesa

1 **plancha de bizcocho**

750 g de **uvas** blancas y negras

1 sobre de **gelatina** para glasear la tarta

Ingredientes

Para el fondo de tarta:

170 g de **galletas** tipo digestivo

125 g de **mantequilla**

Para el relleno:

2 hojas de **gelatina** blanca

zumo de 1 limón

150 g de **yogur** entero

600 g de **queso fresco** o crema

300 g de **crema de leche** espesa

4 cucharadas de **vino blanco**

2 cucharadas de **azúcar**

1 cucharadita de **maicena**

½ **rama de canela**

100 g de **arándanos** (en conserva)

Tarta de queso fresco
con arándanos

Preparación
PARA 1 MOLDE DE BASE DESMONTABLE (22 cm Ø)

1 Coloque las galletas en una bolsa y aplástelas con un rodillo. Derrita la mantequilla y mézclela con las galletas. Forre el molde con papel de hornear y distribuya encima la mezcla de galleta. Comprímala y enfríela.

2 Remoje la gelatina en agua fría, exprímala y deslíela en el zumo de limón caliente. Mézclela con 1 o 2 cucharadas de yogur y luego con el resto del yogur y el queso fresco hasta obtener una mezcla homogénea. Monte la crema de leche y mézclela despacio con la preparación de queso. Vierta la mezcla en el molde, alísela y enfríela de nuevo.

3 Mezcle el vino, 4 cucharadas de agua y el azúcar. Deslíe la maicena en una cucharada de esta mezcla. Hierva el resto con la canela en rama y añádale la maicena. Llévelo a ebullición y retire la canela. Mezcle los arándanos escurridos con la preparación anterior, déjela enfriar y repártala sobre la superficie de la tarta. Sírvala bien fría.

Tarta de fresas
con crema de flor de saúco

Ponga la mesa en la terraza: cuando las fresas maduran
y el saúco florece, se abre la temporada de las comidas al aire libre.

Ingredientes

Para el bizcocho:

2 **huevos**

50 g de **azúcar**

30 g de **harina**

30 g de **maicena**

40 g de **flores de saúco**

finamente picadas

20 g de **mantequilla** derretida

Para la crema:

¼ de l de **vino blanco**

100 g de **azúcar**

zumo de ½ **limón**

pulpa de una vaina de vainilla

flores de 8 umbelas de saúco

5 hojas de **gelatina** blanca

100 g de **crema agria**

o **acidificada**

300 g de **crema de leche** espesa

500 g de **fresas**

100 g de **confitura de fresa**

Preparación

PARA 1 MOLDE DE BASE DESMONTABLE (24 cm Ø)

1 Precaliente el horno a 180 °C. Bata los huevos con el azúcar al baño María hasta que estén espumosos. Retírelos del baño María y continúe batiendo hasta que se enfríen. Tamice la harina, la maicena y las flores de saúco picadas y mézclelas ligeramente con los huevos. Incorpore la mantequilla derretida y mezcle bien.

2 Forre el molde con papel sulfurizado y llénelo con la masa de bizcocho. Alise la superficie y hornee el bizcocho unos 30 minutos. Déjelo enfriar en el molde.

3 Hierva el vino blanco con el azúcar, el zumo de limón y la pulpa de la vainilla, déjelo enfriar ligeramente y añada las flores de saúco lavadas y bien escurridas. Déjelo macerar durante toda la noche. Tamice el líquido sobre un cuenco y resérvelo.

4 Remoje la gelatina en agua fría. Caliente un poco de vino de saúco y deslíe dentro la gelatina exprimida. Agregue la crema agria y déjelo enfriar hasta que la mezcla comience a cuajar.

5 Monte la crema de leche y mezcle una tercera parte con la crema de saúco. Incorpore el resto con cuidado. Extienda la crema sobre el fondo de bizcocho en el molde. Déjela enfriar.

6 Prepare y lave las fresas; déjelas enteras o córtelas por la mitad. Colóquelas decorativamente sobre la crema de saúco. Hierva la confitura de fresas con 2 cucharadas de agua, bátala con la batidora eléctrica y glasee las fresas. Espolvoree la tarta con azúcar lustre, si lo desea.

Pastel de ruibarbo
con salsa de vainilla

La **primavera** es la mejor temporada para degustar este
jugoso pastel de ruibarbo, cuyo acompañamiento **ideal** es la crema de vainilla.

Ingredientes

Para la pasta quebrada:

250 g de **harina**

sal

1 sobre de **vainillina** azucarada

50 g de **azúcar lustre**

1 **huevo**

125 g de **mantequilla** fría

Para la salsa de vainilla:

¼ de l de **leche**

250 g de **crema de leche**

1 **vaina de vainilla**

5 **yemas de huevo**

115 g de **azúcar**

Para el relleno:

250 g de **queso quark o requesón**

2 **huevos**

zumo y **cáscara rallada**
de 1 limón

75 g de **azúcar**

3 tallos de **ruibarbo**

Además:

mantequilla para el molde

Preparación
PARA 1 MOLDE DE TARTA (26 cm Ø)

1 Para la pasta, tamice la harina sobre la superficie de trabajo y
mézclela con una pizca de sal, la vainillina y el azúcar lustre. Haga
un hueco en el centro, añada el huevo, corte la mantequilla en
trozos pequeños alrededor de la harina y mezcle los ingredientes
picándolos con un cuchillo de madera para que se formen
pequeños grumos de masa. Amase la pasta con las manos frías
hasta que sea homogénea, forme con ella una bola, envuélvala en
una película de plástico y déjela reposar 30 minutos en la nevera.

2 Para la salsa de vainilla, mezcle la leche y la crema de leche.
Corte la vaina de vainilla por la mitad a lo largo, raspe la pulpa y
hiérvala con la leche y la crema de leche. Bata en un cuenco las
yemas con 100 g de azúcar. Agregue la mezcla de leche a la crema
de yemas, mezcle bien, devuelva la preparación a la cacerola
y deje cocer la crema a fuego lento y sin dejar de batir hasta
que se espese, aunque no debe llegar a hervir. Tamice la salsa
de vainilla y espolvoree la superficie con el azúcar restante para
que no se forme una película.

3 Engrase el molde. Extienda la pasta sobre la superficie de trabajo
enharinada, forre con ella el molde, forme un borde ondulado
y pinche el fondo varias veces con un cuchillo. Mezcle el queso
quark, los huevos, el zumo y la cáscara de limón con el azúcar
y vierta la mezcla sobre la pasta. Precaliente el horno a 180 °C.

4 Pele el ruibarbo, córtelo en trozos de unos 3 cm de longitud
y distribúyalos sobre la mezcla de requesón. Hornee unos
40 minutos. Sirva el pastel de ruibarbo acompañado con la
salsa de vainilla.

Tarta de limón
a la menta

Preparación

PARA 1 MOLDE DE TARTA (24 cm Ø)

1 Para la pasta, amase la yema de 1 huevo con la harina, una pizca de sal, el azúcar, 1 a 2 cucharadas de agua fría y la mantequilla cortada a trocitos pequeños hasta obtener una pasta quebrada homogénea. Envuélvala en película de plástico y déjela 30 minutos en la nevera.

2 Extienda la pasta sobre la superficie de trabajo algo enharinada formando un círculo más grande que el molde. Forre el fondo y las paredes del molde. Pinche el fondo con un tenedor y deje reposar unos 15 minutos.

3 Precaliente el horno a 190 °C. Hornee la pasta quebrada de 15 a 20 minutos o hasta que se dore. Pincele el fondo con la clara de huevo algo batida. Ajuste el horno a 170 °C.

4 Mezcle todos los ingredientes para el relleno. Coloque el molde sobre una placa de hornear y llénela con ¾ partes del relleno. Introduzca el molde en el horno y añada el resto del relleno —así evitará que se desborde. Hornee la tarta de 25 a 30 minutos. Decórela con hojas de menta y rodajas de limón, y espolvoréela con azúcar lustre.

52

Ingredientes

Para la pasta quebrada:

1 huevo

140 g de **harina · sal**

30 g de **azúcar** blanquilla

85 g de **mantequilla** fría

Para el relleno:

4 huevos · 1 yema de huevo

150 g de **crema de leche**

110 g de **azúcar** blanquilla

cáscara rallada de 2 limones

zumo de 3 limones

Además:

hojas de menta · rodajas de **limón**

azúcar lustre para espolvorear

Ingredientes

Para el merengue:

8 **claras de huevo**

500 g de **azúcar** blanquilla

1 frasco de **esencia de vainilla**

1 cucharadita de **vinagre blanco**

Para la crema:

120 g de **azúcar**

50 g de **maicena**

4 **yemas de huevo**

½ l de **leche**

pulpa de 1 **vaina de vainilla**

250 g de **crema de leche** espesa

Además:

400 g de **frutas** exóticas (por ejemplo, kiwi, piña, mango, carambola, alquejenjes)

Tarta merengada
con frutas exóticas

Preparación
PARA 6-8 PERSONAS

1 Precaliente el horno a 100 °C. Bata las claras a punto de nieve y añádales el azúcar poco a poco. Incorpóreles la esencia de vainilla y el vinagre sin dejar de batir. Llene una manga pastelera provista de una boquilla lisa grande con el merengue y forme un disco de merengue de 24 cm de diámetro sobre la placa de hornear forrada con papel sulfurizado. Deje secar el fondo de merengue en el horno de 2 a 2 ½ horas. Enfríe el fondo con la puerta del horno ligeramente entreabierta.

2 Mezcle la mitad del azúcar con la maicena, la yema de huevo y la mitad de la leche. Hierva la leche restante con el azúcar y la pulpa de la vainilla. Añada la mezcla de maicena y deje que vuelva a hervir. Deje enfriar la crema, removiéndola ocasionalmente. Monte la crema de leche y mézclela con la crema anterior. Distribúyala sobre la base de merengue poco antes de servir. Pele o lave las frutas y córtelas en trozos. Decore la tarta con la fruta y, si lo desea, esparza por encima unas virutas de coco.

Tarta de naranjas
caramelizadas

Una pieza cumbre de la repostería francesa: la tarta de fina
masa crujiente se rellena con una crema de naranja.

Ingredientes

Para la pasta quebrada:

200 g de **harina**

100 g de **mantequilla** fría

sal

Para la crema:

3 **huevos**

150 g de **azúcar**

150 g de **crema de leche** espesa

zumo y **cáscara rallada**

de 2 naranjas

75 g de **mantequilla**

1 sobre de **glaseado** blanco

para tartas

¼ de l de **zumo de naranja**

Además:

mantequilla para el molde

legumbres para hornear a ciegas

1 **naranja**

2 cucharadas de **azúcar**

Preparación
PARA 1 MOLDE DE TARTA (24 cm Ø)

1 Amase rápidamente la harina, la mantequilla cortada en trozos
pequeños, una pizca de sal y de 1 a 2 cucharadas de agua; forme
una bola con la pasta, envuélvala en película de plástico y
enfríela 1 hora en la nevera. Engrase el molde. Precaliente el horno
a 200 °C.

2 Extienda la pasta sobre la superficie de trabajo enharinada y
forre con ella las paredes y la base del molde; elimine la pasta
que sobresalga de los bordes. Recorte el papel de hornear,
colóquelo sobre la pasta y cúbralo con las legumbres. Hornee
20 minutos. Saque la tarta del horno, retire el papel y las
legumbres y hornéelas 10 minutos más o hasta que la pasta
esté dorada.

3 Mientras tanto, bata los huevos con el azúcar en un recipiente
metálico hasta que estén espumosos. Añada la crema de leche, el
zumo y la ralladura de naranja, así como la mantequilla cortada
a copos pequeños. Bata con la batidora eléctrica al baño María.
Vierta la crema sobre el fondo de tarta caliente, alísela y hornee
a 180 °C unos 45 minutos o hasta que el relleno se solidifique. No
debe dorarse, por lo que es posible que al final tenga que taparlo
con papel de aluminio. Saque la tarta del horno y déjela enfriar.
Cúbrala con el glaseado preparado con el zumo de naranja,
siguiendo las instrucciones del fabricante.

4 Lave la naranja, séquela y córtela en rodajas. Colóquelas sobre una
placa de hornear recubierta con papel sulfurizado, espolvoréelas
con azúcar por encima y dórelas bajo el grill. Decore la tarta con
las rodajas de naranja y sírvala.

Pasteles clásicos

Carlota
de *mousse* de fresas

El sabor dulce más refinado: esta extraordinaria creación de frutas, crema y bizcochos de soletilla no lleva en vano el nombre de una princesa.

Ingredientes

1 kg de **fresas**

12 hojas de **gelatina** blanca

500 g de **queso mascarpone**

zumo de 1 limón

4 cl de **licor de naranja**

4 cl de **tequila añejo**

50 g de **azúcar**

40 **bizcochos de soletilla**

Además:

cobertura de chocolate negro para decorar

azúcar lustre para espolvorear

Preparación
PARA 4 PERSONAS

1 Prepare y lave las fresas, déjelas escurrir y reduzca a puré unos 700 g. Remoje la gelatina en agua fría.

2 Mezcle el queso mascarpone con el zumo de limón, el licor de naranja, el tequila, el azúcar y el puré de fresas.

3 Deslíe la gelatina sin escurrir en un cazo pequeño, mezclándola con un poco de crema de fresas. Luego añádala al resto de la crema y reserve la mezcla en la nevera unos 30 minutos o hasta que comience a cuajar.

4 Forre 4 cuencos pequeños (de aproximadamente ¼ de l cada uno) con película de plástico y coloque los bizcochos contra las paredes. Llene los moldes con la crema de fresas, alísela y déjela enfriar unas 2 horas en la nevera.

5 Antes de servir, vuelque las carlotas sobre los platos. Derrita la cobertura, llene una bolsa para congelar con la misma, recorte una esquina y decore los bizcochos con la cobertura. Adorne las carlotas con las fresas restantes y espolvoréelas con azúcar lustre.

Aquí preparamos la variante fácil de la carlota utilizando bizcochos de soletilla. Puede prepararlos usted mismo, forrar los moldes y rellenarlos con cremas y frutas a su gusto.

Tarta de rosas
con crema de vino

Un auténtico sueño: aromáticos pétalos de rosa como decoración,

ideal para ocasiones extraordinarias o huéspedes especialmente apreciados.

Ingredientes

Para el bizcocho:

5 huevos

150 g de azúcar

75 g de harina

75 g de maicena

100 g de almendras tostadas

molidas

sal

Para el relleno:

350 ml de vino blanco

2 cl de coñac

4 cl de amaretto

75 g de azúcar

7 rosas rojas grandes

4 hojas de gelatina blanca

500 g de crema de leche espesa

Además:

1 clara de huevo

2-3 cucharadas de azúcar

2-3 almendras tostadas y molidas

Preparación

PARA 1 MOLDE DE BASE DESMONTABLE (24 cm Ø)

1 Separe los huevos. Bata las yemas con 2 cucharadas de agua y 50 g de azúcar hasta que estén espumosas. Mezcle la harina, la maicena y las almendras. Precaliente el horno a 180 °C. Forre el molde con papel sulfurizado.

2 Monte las claras a punto de nieve con una pizca de sal y el azúcar restante. Añada las claras a las yemas y vuelque la mezcla de harina sobre ellas. Mezcle con cuidado y vierta la masa en el molde. Alise la superficie. Hornee el bizcocho unos 40 minutos, sáquelo del horno y déjelo enfriar.

3 Mezcle el vino blanco, el coñac, el amaretto y el azúcar. Arranque los pétalos de 4 rosas y déjelos macerar 2 horas en la mezcla de vino. Escurra los pétalos de rosa y reserve el líquido. Remoje la gelatina en un poco de agua caliente.

4 Deslíe la gelatina exprimida en la mezcla de vino y bátala hasta que se forme una espuma ligera y empiece a cuajar. Monte la crema de leche y mezcle la mitad con la gelatina. Enfríe el resto.

5 Corte el bizcocho en 3 capas. Ponga una en el molde, reparta la mitad de la crema encima y repita la operación con las otras capas hasta cubrirlo todo con la tercera capa. Enfríe la tarta de 2 a 3 horas.

6 Arranque las hojas de las rosas restantes, pincélelas con clara de huevo y espolvoréelas con el azúcar. Séquelas sobre una rejilla dentro del horno durante 1 hora a 50 °C. Cubra la tarta con la crema batida restante y decore la superficie con los pétalos de rosa y los laterales con almendras fileteadas.

Tarta de fresa y chocolate
rellena de crema

Preparación

PARA 1 MOLDE DE BASE DESMONTABLE (26 cm Ø)

1 Precaliente el horno a 175 °C. Engrase el molde. Bata las yemas con la mitad del azúcar y la vainillina azucarada hasta que estén espumosas. Monte las claras de huevo con el azúcar restante y agréguelas con cuidado a la masa anterior. Tamice encima la harina, la maicena y el cacao y mezcle con cuidado. Vierta la masa en el molde y alise la superficie. Hornee de 25 a 30 minutos. Deje enfriar el bizcocho ligeramente, sepárelo con cuidado de las paredes del molde y vuélquelo sobre una rejilla. Déjelo enfriar durante 2 horas.

2 Monte la crema de leche con la vainillina azucarada. Prepare las fresas, lávelas y divídalas por la mitad. Corte la cobertura de chocolate a trozos pequeños y derrítala al baño María. Corte el bizcocho en tres capas. Cubra la capa inferior con cobertura, la mitad de la crema y la mitad de las fresas. Coloque encima la segunda capa, cúbrala con la cobertura, la crema y las fresas restantes. Coloque la tercera capa encima y recubra el conjunto con cobertura. Adorne con las fresas.

Ingredientes

Para el bizcocho:

6 **yemas de huevo** · 180 g de **azúcar**

1 sobre de **vainillina** azucarada

6 **claras de huevo**

80 g de **harina** · 60 g de **maicena**

60 g de **cacao en polvo**

Para el relleno:

500 g de **crema de leche** espesa

1 sobre de **vainillina** azucarada

300 g de **fresas**

500 g de **cobertura de chocolate** negro

Además:

mantequilla para el molde

fresas enteras para decorar

Ingredientes

Para el bizcocho:

100 g de **cobertura de chocolate** negro

6 **huevos**

130 g de **mantequilla** ablandada

60 g de **vainillina** azucarada

150 g de **almendras** peladas y molidas

25 g de **harina** · 100 g de **azúcar** · **sal**

5 g de **café** instantáneo

Para el glaseado:

200 g de **confitura de albaricoque**

100 g de **tiritas de almendra**

180 g de **mantequilla**

180 g de **cobertura de chocolate** negro

Además:

mantequilla y **pan rallado** para el molde

Puercoespín
de almendras

Preparación
PARA 1 MOLDE ACANALADO

1 Derrita la cobertura al baño María y déjela enfriar ligeramente. Separe los huevos. Bata la mantequilla y la vainillina hasta que esté espumosa y mézclela con las yemas y la cobertura. Añada las almendras, la harina y el café. Engrase el molde y espolvoréelo con pan rallado.

2 Precaliente el horno a 180 °C. Monte las claras a punto de nieve con el azúcar y una pizca de sal. Añada una tercera parte de las claras a la mezcla de bizcocho y después el

resto. Vierta la masa en el molde y hornéela 1 hora. Saque el molde del horno, déjelo enfriar y vuelque el bizcocho.

3 Caliente la confitura de albaricoque. Corte el bizcocho en 3 capas y cubra cada una con confitura. Vuelva a montar el pastel, cubra toda su superficie con confitura clavando las tiritas de almendra por todo el exterior. Derrita la mantequilla y la cobertura por separado y déjelas enfriar a 36 °C. Mézclelas y glasee con ello el pastel.

Tarta de chocolate
con pétalos de rosa

Un brindis al **romanticismo:** una decoración artística de pétalos
de rosa azucarados es casi demasiado **hermosa** para comerla.

Ingredientes

1 paquete para **bizcocho de
chocolate** (para 3 capas)

50 ml de **zumo de naranja**

175 g de **cobertura de chocolate
negro**

250 g de **crema de leche** espesa

1 cucharada de **cáscara de
naranja rallada**

Además:

unas 10 **hojas de rosa**

1 cucharada de **cacao en polvo**

pétalos de rosa o rosas

1 **clara de huevo**

azúcar blanquilla

Preparación
PARA 4 PIEZAS

1 Corte 3 cuadrados de 16 x 16 cm a partir de las capas de bizcocho.
Vierta el zumo de naranja sobre dos de ellas, y reduzca a migas
la mitad de los restos de bizcocho. Pique 125 g de cobertura,
derrítala al baño María y déjela enfriar ligeramente. Monte
la crema de leche y mézclela con la cáscara de naranja y la
cobertura. Divida la mezcla por la mitad e incorpore las migas
a una de las mitades.

2 Cubra el cuadrado de bizcocho sin zumo de naranja con la mitad
de la *mousse* con migas, cúbralo con otro de los cuadrados,
reparta la *mousse* restante sobre éste y finalmente cúbralo con
el tercer cuadrado con el lado embebido en zumo hacia abajo.
Presione las capas ligeramente. Cubra la tarta con la *mousse*
de chocolate y déjela enfriar.

3 Para decorar, pique la cobertura restante y derrítala al baño
María. Pase el lado nervado de las hojas de rosa por la cobertura
y déjelas enfriar en la nevera sobre papel sulfurizado. Retire el
chocolate de las hojas con cuidado y decore el pastel con las
hojas de chocolate. Espolvoree el conjunto con el cacao en polvo.
Pase los pétalos de rosa por la clara de huevo ligeramente batida
y rebócelos con azúcar, déjelos secar y decore la tarta con los
pétalos azucarados.

Selva Negra
con rollitos de chocolate

No puede faltar en las sobremesas: esta muestra suntuosa
de la Selva Negra nunca pasa de moda y no es tan difícil de preparar.

Ingredientes

Para el bizcocho:

100 g de **chocolate negro**

150 g de **mantequilla** ablandada

150 g de **azúcar**

1 sobre de **vainillina** azucarada

4 **huevos**

50 g de **almendras** molidas

50 g de **harina**

50 g de **maicena**

50 g de **pan rallado**

1 sobre de **levadura en polvo**

Para el relleno:

4 cucharadas de **kirsch**

6 hojas de **gelatina**

500 g de **guindas**

2 cucharadas de **zumo de limón**

600 g de **crema de leche** espesa

2 cucharadas de **azúcar**

Además:

mantequilla para el molde

cerezas confitadas y **rollitos de chocolate** para decorar

Preparación

PARA 1 MOLDE DE BASE DESMONTABLE (24 cm Ø)

1 Precaliente el horno a 180 °C. Corte el chocolate en trozos pequeños y derrítalos al baño María. Bata la mantequilla con el azúcar y la vainillina hasta que esté espumosa. Separe los huevos. Mezcle las yemas y el chocolate frío, aunque todavía líquido, con la mantequilla batida y a continuación con las almendras, la harina, la maicena, el pan rallado y la levadura en polvo. Monte las claras a punto de nieve y mézclelas con la preparación anterior.

2 Engrase el molde, llénelo con la masa anterior, alise la superficie y hornee en la parte inferior del horno 45 minutos. Saque el bizcocho del horno y déjelo reposar al menos 3 horas.

3 Corte el pastel en tres capas y rocíelas con el kirsch. Remoje la gelatina. Lave las guindas, deshuéselas, hiérvalas con el zumo de limón y $1/8$ de l de agua durante unos minutos y déjelas escurrir. Monte la crema de leche con el azúcar, deslíe la gelatina exprimida en un cazo dispuesto a fuego lento, mézclela con un poco de la crema y luego incorpórela a la restante.

4 Extienda un poco de crema batida sobre la capa inferior de la tarta y cúbrala con las guindas frías; coloque encima otra capa de tarta, cúbrala con crema batida y reparta las cerezas restantes. Cubra con la última capa y recubra toda la tarta con la crema batida restante. Decore la tarta con pequeños copetes de crema aplicados con la ayuda de una manga pastelera. Decore con las cerezas confitadas y los rollitos de chocolate. En lugar de cerezas confitadas puede utilizarlas frescas y emplear virutas de chocolate en lugar de rollitos.

Tarta anisada
a la menta

Preparación

PARA 1 MOLDE DE BASE DESMONTABLE (24 cm Ø)

1 Para la pasta, mezcle la harina y una pizca de sal. Haga un hueco en el centro y añada el huevo, el anís, la leche y un poco de harina. Corte la mantequilla a trocitos y distribúyalos alrededor de la harina. Amáselo todo hasta obtener una pasta homogénea. Envuélvala en película de plástico y déjela 30 minutos en la nevera. Precaliente el horno a 170 °C.

2 Para el relleno mezcle los huevos, la miel, el azúcar, el queso y el anís. Añada la mitad de las hojas de menta y mezcle bien.

3 Extienda la pasta sobre la superficie de trabajo enharinada y forre un molde previamente engrasado, asegurándose de que las paredes tienen una altura de 3 a 4 cm. Pinche el fondo de tarta con un tenedor. Vierta el relleno sobre la tarta y hornéela de 40 a 50 minutos.

4 Deje enfriar la tarta en el molde y desmóldela a continuación. Espolvoréela con el azúcar lustre y decore con las hojas de menta restantes.

Ingredientes

Para la pasta:

180 g de **harina** · **sal**

1 **huevo** · 1 cucharada de **anís**

2 cucharadas de **leche**

80 g de **mantequilla** fría

Para el relleno:

4 **huevos** · 6 cucharadas de **miel**

180 g de **azúcar** blanquilla

600 g de **queso crema**

2 cucharadas de **anís**

40-50 **hojas de menta**

Además:

mantequilla para el molde

azúcar lustre para espolvorear

Ingredientes

Para el bizcocho:

6 **huevos**

zumo y **cáscara rallada de un limón**

250 g de **azúcar**

125 g de **harina**

¼ de cucharadita de **canela** molida

60 g de **almendras** molidas

2-3 cucharadas de **almendras** fileteadas

Para la salsa de limón:

1 cucharada de **maicena**

150 g de **azúcar**

zumo y **cáscara rallada de un limón**

2 **huevos**

Tarta de almendras
con salsa de limón

Preparación
PARA 1 MOLDE DE BASE DESMONTABLE (22 cm Ø)

1 Precaliente el horno a 180 °C. Forre la base del molde con papel sulfurizado.

2 Separe los huevos. Bata las yemas con el zumo, la cáscara del limón y la mitad del azúcar hasta que estén cremosas. Monte las claras añadiéndoles despacio el azúcar restante. Vuelque las claras sobre la crema. Tamice encima la harina y la canela y añada almendras. Mezcle todo con cuidado. Llene el molde con esta preparación y distribuya las almendras fileteadas encima. Hornee de 45 a 55 minutos. Desmolde la tarta y déjela enfriar sobre una rejilla.

3 Mezcle la maicena y el azúcar en un cazo. Añádales despacio 375 ml de agua sin dejar de remover, el zumo y la cáscara del limón. Separe los huevos, incorpore las yemas al cazo, mezcle y cueza a fuego lento de 3 a 4 minutos sin dejar de remover. Monte las claras a punto de nieve y mézclelas con la crema. Enfríela en la nevera.

Tarta de queso
y pasas

Tiene que ser amarilla y jugosa: con o sin pasas,
una buena tarta de queso es para recordar.

Ingredientes

Para la pasta quebrada:

200 g de **harina**

80 g de **azúcar lustre**

100 g de **mantequilla**

1 **yema de huevo**

1 cucharadita de **cáscara de**

limón rallada

Para el relleno:

4 **huevos · sal**

1 **limón**

750 g de **queso quark** desnatado

150 g de **azúcar**

1 sobre de **flan de vainilla**

75 g de **pasas**

Además:

mantequilla para el molde

Preparación

1 Para la pasta, ponga la harina, el azúcar lustre y la mantequilla cortada a trocitos sobre la superficie de trabajo y píquelo todo con un cuchillo hasta formar migas. Añada la yema de huevo y la cáscara de limón. Amase los ingredientes rápidamente hasta obtener una pasta homogénea, forme con ella una bola, envuélvala en película de plástico y déjela reposar 1 hora en la nevera.

2 Precaliente el horno a 175 °C. Extienda la pasta sobre la superficie de trabajo enharinada. Engrase el molde y forre el fondo y las paredes con la pasta. Pinche el fondo varias veces con un tenedor. Sujete el borde por la parte interior con una tira de papel de aluminio para que no se venga abajo durante el horneado. Hornee en la parte inferior del horno unos 15 minutos.

3 Mientras tanto, separe los huevos. Monte las claras a punto de nieve con una pizca de sal. Lave y seque el limón, ralle la cáscara y exprímalo.

4 Mezcle el queso quark con las yemas, el zumo y la cáscara de limón, el azúcar y el sobre de flan. Añada las pasas y agregue con cuidado las claras a punto de nieve. Vierta la masa en el fondo de tarta prehorneado y hornee 1 hora. Deje reposar la tarta 10 minutos y desmóldela.

Tarta Malakoff
con bizcochos de soletilla

Porción a porción, simplemente irresistible: con esta tarta
incluso se habría rendido el general del mismo nombre.

Ingredientes

Para el bizcocho:

2 **huevos** · 50 g de **azúcar**

1 sobre de **vainillina** azucarada

30 g de **harina**

30 g de **maicena**

2 cucharaditas de **cáscara de**

limón rallada

Para la crema:

5 hojas de **gelatina** blanca

450 g de **crema de leche** espesa

70 g de **azúcar lustre**

70 ml de **licor de naranja**

1 sobre de **vainillina** azucarada

250 g de **nata**

38 **bizcochos de soletilla**

Además:

mantequilla para el molde

50 ml de **leche**

1 cucharada de **azúcar lustre**

1 cl de **licor de naranja**

300 g de **crema de leche** espesa

1 cucharada de **nueces** picadas

Preparación

PARA 1 MOLDE DE BASE DESMONTABLE (24 cm Ø)

1 Precaliente el horno a 175 °C. Engrase el fondo del molde. Separe los huevos, bata las yemas con la mitad del azúcar y la vainillina hasta que estén espumosas. Bata las claras a punto de nieve, añádales poco a poco el azúcar restante y continúe batiéndolas hasta que estén firmes. Luego mézclelas con las yemas. Tamice la harina con la maicena sobre la mezcla anterior, agregue la cáscara de limón y mezcle con cuidado.

2 Vierta la masa de bizcocho en el molde, alise la superficie y hornee de 25 a 30 minutos. Saque el bizcocho del horno, déjelo enfriar ligeramente, sepárelo de los bordes del molde, vuélquelo sobre una rejilla y déjelo enfriar.

3 Remoje la gelatina en agua fría. Mezcle 250 g de crema de leche con el azúcar lustre, el licor de naranja y la vainillina azucarada. Ponga la gelatina sin escurrir en un cazo pequeño y desliéla a fuego lento. Mézclelo con un poco de la crema y después incorpórela totalmente al resto. Monte el resto de la crema de leche y mézclela con la preparación anterior.

4 Ponga el bizcocho dentro del aro del molde, reparta una tercera parte de la crema por encima y cúbrala con 15 bizcochos de soletilla. Mezcle la leche, el azúcar lustre y el licor y pincele los bizcochos con esta mezcla. Reparta otra tercera parte de la crema y vuelva a cubrir con 15 bizcochos pincelados con la mezcla de leche y licor. Reparta el resto de la crema sobre la tarta en forma de cúpula. Monte la crema de leche, extiéndala sobre la tarta y enfríela en la nevera durante 2 horas. Adórnela con los bizcochos restantes cortados por la mitad, las nueces y unos copetes de crema.

Tartaletas y otros postres

Torre de frambuesas
con anís estrellado

Un placer **celestial:** suave pasta quebrada y frescas
frambuesas artísticamente dispuestas hacia lo **más alto.**

Ingredientes

Para la pasta quebrada:

250 g de **harina**

3 cucharadas de **azúcar · sal**

125 g de **mantequilla** fría

1 **huevo**

Para el relleno:

250 g de **crema acidificada**

pulpa de una **vaina de vainilla**

2 cucharadas de **azúcar**

500 g de **frambuesas**

Además:

2 cl de **licor de frambuesa**

2 cucharadas de **azúcar**

50 g de **cobertura de chocolate
negro**

16 **anís estrellado**

azúcar lustre para espolvorear

Preparación
PARA 4 PIEZAS

1 Coloque la harina formando un montón sobre la superficie de trabajo, mézclela con el azúcar y una pizca de sal y haga un hueco en el centro. Corte la mantequilla fría a trozos pequeños y distribúyalos alrededor del hueco. Casque el huevo en el centro y pique todos los ingredientes con un cuchillo para que se formen grumos pequeños. Amase la pasta rápidamente con las manos hasta obtener una pasta homogénea, forme una bola, envuélvala en película de plástico y déjela enfriar unos 30 minutos.

2 Precaliente el horno a 180 °C. Extienda la pasta entre 2 hojas de papel sulfurizado. Use 6 cortapastas de bordes ondulados (diámetros 2, 4, 5, 6, 7 y 8) y corte 4 discos de cada tamaño; dispóngalos sobre la placa de hornear cubierta con papel sulfurizado y hornee unos 12 minutos o hasta que los discos estén un poco dorados. Sáquelos del horno y déjelos enfriar sobre una rejilla.

3 Para el relleno, bata la crema acidificada con la vainilla y el azúcar. Lave y seque las frambuesas. Para preparar la salsa, hierva 200 g de frambuesas con el licor y el azúcar en un cazo pequeño hasta que se ablanden, y a continuación tamícelas.

4 Derrita la cobertura de chocolate al baño María, póngala en una bolsa para congelar a modo de manga pastelera, corte un extremo y forme un cuadrado de unos 10 x 10 cm sobre cada uno de los 4 platos. Ponga un poco de salsa de frambuesa dentro de los cuadrados de chocolate y coloque encima del disco de mayor tamaño. Rodee el borde con frambuesas y rellene el centro con la crema. Cúbralo con el siguiente disco y repita la operación hasta obtener 4 torres. Decore con anís estrellado y azúcar lustre.

Barquitas de zarzamoras
con crema de casis

¿Navegarán estos barquitos?

Son más adecuados para deleitar a los paladares más exquisitos.

Ingredientes

2 cucharadas de **azúcar lustre**

200 g de **mazapán**

8 **barquitas de pasta quebrada**

(disponibles a nivel comercial,

de unos 10 cm de longitud)

250 g de **crema de leche** espesa

4 cl de **licor de casis**

300 g de **zarzamoras**

cáscara de lima

78

Preparación

PARA 8 PIEZAS

1 Espolvoree 1 lámina de papel sulfurizado con 1 cucharadita de azúcar lustre y extienda encima el mazapán. Recorte trozos de mazapán del tamaño de las barquitas de pasta quebrada, colóquelos en su interior y presiónelos ligeramente.

2 Mezcle la crema de leche espesa con 2 cl de licor de casis, reserve 3 cucharadas y reparta el resto sobre el mazapán. Reserve en la nevera.

3 Lave y seque las zarzamoras y colóquelas sobre las tartaletas. Pincélelas con el licor de casis y espolvoréelas con el azúcar lustre restante.

4 Ponga el licor de casis restante en una bolsa para congelar, corte una esquina y utilícela a modo de manga pastelera para decorar las tartaletas. Corte la cáscara de lima en tiras finas y adorne las barquitas.

Si no le gustan los productos preparados, puede hacer la pasta quebrada usted mismo. Si quiere congelarla, siga la receta de la página 88.

Pizza de fruta
con almendrados

Preparación

PARA 1 BASE DE FONDO DESMONTABLE (26 cm Ø)

1 Ponga los almendrados en una bolsa para congelar y aplástelos con ayuda de un rodillo. Derrita la mantequilla en un cazo pequeño.

2 Mezcle los almendrados, la mantequilla derretida y el Grand Marnier. Extienda esta mezcla en el fondo del molde y comprímala. Déjela enfriar al menos 1 hora en la nevera.

3 Lave y seque las frambuesas. Redúzcalas a puré con el azúcar y tamícelas. Pele los kiwis y córtelos en gajos. Lave y seque las cerezas y los arándanos.

4 Reparta el puré de frambuesas en el fondo del molde y alíselo. Coloque la fruta encima de forma decorativa y decore con virutas de coco. Corte la tarta en 8 trozos del mismo tamaño.

80

Ingredientes

300 g de **almendrados**

100 g de **mantequilla**

1 cucharada de **Grand Marnier**

(licor de naranja)

250 g de **frambuesas**

1 cucharada de **azúcar**

4 **kiwis**

100 g de **cerezas**

50 g de **arándanos**

2 cucharadas de **virutas de coco**

Ingredientes

2 planchas de **bizcocho de chocolate**

(producto preparado)

Para la salsa de ruibarbo:

400 g de **ruibarbo**

150 g de **azúcar lustre**

pimienta negra recién molida

Para el relleno:

200 g de **crema de leche** espesa

2 cucharadas de **azúcar lustre**

400 g de **fresitas silvestres**

2 cucharadas de **confitura de fresa**

Además:

azúcar lustre para espolvorear

Bocadillos de fresas y nata
con salsa de ruibarbo

Preparación
PARA 4 PIEZAS

1 Con un cortapastas recorte 8 círculos de 10 a 12 cm de diámetro de la plancha de bizcocho.

2 Pele el ruibarbo y córtelo a trozos de 2 cm, mézclelo con el azúcar lustre y déjelo macerar 2 horas a temperatura ambiente. Cuézalo unos 10 minutos con su zumo, déjelo enfriar y sazónelo con pimienta. Para el relleno, monte la crema de leche con el azúcar lustre y póngala en una manga de boquilla estriada. Reserve 4 fresas.

3 Espolvoree 4 círculos con el azúcar lustre, extienda la crema batida con ayuda de la manga, coloque unas fresas encima (previamente lavadas y secadas), vuelva a cubrir con más crema batida y tape con los otros círculos de bizcocho que espolvoreará con azúcar lustre. Caliente la confitura de fresas, sumerja las fresas reservadas en ella y coloque una fresa sobre cada bocadillo. Sirva con la salsa de ruibarbo.

Tartaletas de limón
con bayas

¿Quién podría resistirse? Incluso sin el ragú de bayas,

estas tartaletas de limón recién horneadas son un manjar.

Ingredientes

Para la pasta quebrada:

100 g de **harina**

2 cucharadas de **azúcar**

50 g de **mantequilla** fría · **sal**

Para el relleno:

2 **huevos** pequeños

150 g de **crema acidificada**

2 cucharadas de **azúcar lustre**

4 cucharadas de **zumo de limón**

2 cucharadas de **cáscara**
de limón rallada

50 g de **crema de leche** espesa

Para el ragú de bayas:

400 g de **bayas** variadas

2 cucharadas de **zumo de limón**

1 cucharada de **azúcar lustre**

Además:

mantequilla para los moldes

legumbres para hornear a ciegas

1 cucharada de **ralladura de limón**

azúcar lustre para espolvorear

Preparación
PARA 4 PIEZAS

1 Amase la harina con el azúcar, la mantequilla a trocitos, 1 cucharada de agua y una pizca de sal hasta obtener una pasta homogénea. Forme una bola con ella, envuélvala en película de plástico y déjela reposar 1 hora en la nevera. Extienda la pasta entre dos hojas de papel sulfurizado.

2 Precaliente el horno a 200 °C. Engrase 4 moldes de tartaleta de 12 cm de diámetro con mantequilla y fórrelos con la pasta. Recorte el papel de hornear con la forma de las tartaletas, colóquelos sobre el fondo y cúbralos con las legumbres.

3 Hornee las tartaletas de 10 a 12 minutos. Saque las tartaletas, retire las legumbres y el papel, déjelas enfriar. Baje la temperatura del horno a 160 °C.

4 Para el relleno, separe los huevos. Mezcle las yemas con la crema acidificada, el azúcar lustre, el zumo y la cáscara de limón. Bata las claras y la crema de leche por separado e incorpórelas a la mezcla de yemas. Distribuya la crema sobre las tartaletas prehorneadas y hornéelas 25 minutos más.

5 Mientras tanto, lave y seque las bayas y mézclelas con el zumo de limón y el azúcar lustre.

6 Deje enfriar un poco las tartaletas, desmóldelas y dispóngalas en los platos con las bayas. Adorne las tartaletas con la cáscara de limón y espolvoréelas con el azúcar lustre.

Tulipas de cerezas
glaseadas de azúcar

Tienen el aspecto de obras de arte: para hacerlas no necesita

ser pastelero, sólo tener un poco de paciencia.

Ingredientes

Para la pasta:

200 g de **harina**

2 cucharadas de **azúcar**

150 g de **mantequilla**

200 g de **mazapán**

2 **yemas de huevo**

1 dl de **licor de cerezas**

400 g de **cerezas**

8 cucharadas de **crema de leche**

espesa

Para el glaseado:

1/8 de l de **zumo de cereza**

1/4 de cucharadita de **agar-agar**

1/2 manojo de **menta**

Además:

1 cucharada de **azúcar lustre**

1 cucharadita de **zumo de limón**

azúcar lustre para espolvorear

Preparación
PARA 4 PIEZAS

1 Amase la harina, el azúcar y la mantequilla hasta formar una pasta homogénea. Extiéndala sobre la superficie de trabajo ligeramente enharinada dándole 3 mm de grosor y con un vaso recorte círculos de 7 cm de diámetro. Colóquelos sobre una placa de hornear forrada con papel sulfurizado. Recorte hojas con la masa restante y trace las nervaduras con un cuchillo. Caliente el horno a 175 °C.

2 Ralle el mazapán. Amáselo con la yema de huevo, 7 ml de licor de cerezas y 1 cucharada de agua. Introduzca esta mezcla en una manga pastelera provista de boquilla lisa y aplique un borde a los círculos de pasta. Forme 4 tallos de masa de mazapán sobre una segunda placa de hornear forrada con papel sulfurizado.

3 Mezcle la masa de mazapán restante con el resto del licor de cerezas, hasta que esté cremosa, y extiéndala sobre el centro de los círculos de pasta. Hornéelos junto con las hojas durante 20 minutos, retírelos de la placa con cuidado y déles forma de tulipa colocándolos sobre una taza o cuenco invertido mientras aún estén calientes. Déjelas enfriar. Suba la temperatura del horno a 180 °C.

4 Hornee los tallos 15 minutos. Lave y seque las cerezas. Extienda un poco de crema de leche espesa en el centro de las tulipas y luego reparta las cerezas. Para el glaseado, mezcle el zumo de cereza con el agar-agar, déjelo hervir 2 minutos y pincele las cerezas.

5 Coloque 2 tulipas en 2 platos, y decórelas con el tallo y las hojas de pasta. Adorne con hojas de menta. Mezcle 1 cucharada de azúcar lustre con el zumo de limón, ponga la mezcla en una bolsa para congelar, recorte una esquina y, a modo de manga pastelera, decore las tulipas que espolvoreará luego con azúcar lustre.

Bocaditos de castaña
con arándanos rojos

Preparación
PARA 4 PIEZAS

1 Precaliente el horno a 220 °C. Haga unos cortes en las castañas en forma de cruz y hornéelas unos 30 minutos hasta que la piel se separe. Saque las castañas, déjelas enfriar, pélelas y a continuación páselas por el pasapurés.

2 Mezcle 250 g de puré de castañas con el azúcar lustre, la cáscara de naranja, el ron y la maicena hasta obtener una mezcla uniforme. Monte las claras a punto de nieve e incorpórelas a las castañas.

3 Extienda la mezcla de castañas sobre la placa de hornear forrada con papel sulfurizado, recorte 8 círculos (6 cm de diámetro) y hornéelos unos 10 minutos a 180 °C, sáquelos y déjelos enfriar.

4 Reparta la mezcla de castañas restante en 4 círculos. Cúbralos con las galletas de chocolate, corone con un círculo de pasta de castañas y espolvoree con azúcar lustre. Si lo desea, sírvalo con un palito de chocolate. Lave y seque los arándanos y sírvalos con las tartaletas.

86

Ingredientes

500 g de **castañas**

2 cucharadas de **azúcar lustre**

1 cucharada de **cáscara de naranja rallada**

5 cucharadas de **ron**

1 cucharada de **maicena**

3 **claras de huevo**

4 **galletas de chocolate**

azúcar lustre para espolvorear

100 g de **arándanos rojos**

Ingredientes

175 g de **galletas de mantequilla**

50 g de **mantequilla** derretida

2 **limones**

300 g de **crema de leche** espesa

75 g de **azúcar**

200 g de **queso crema**

250 g de **fresas**

100 g de **arándanos**

azúcar lustre para espolvorear

Tartaletas de queso
con bayas

Preparación
PARA 6 PIEZAS

1 Forre los moldes de tartaleta (10 cm de diámetro) con película de plástico. Ponga las galletas de mantequilla en una bolsa para congelar y aplástelas con el rodillo para formar migas que mezclará con la mantequilla. Distribuya esta mezcla en los moldes y presiónela bien. Deje enfriar.

2 Corte la corteza de los limones con el acanalador, reserve un tercio y hierva el resto con la crema de leche y el azúcar a fuego lento durante 2 minutos. Retírelo del fuego.

3 Exprima los limones, incorpore el zumo a la crema y déjela enfriar unos 10 minutos. Mezcle con el queso y reparta esta crema sobre las tartaletas, alísela y deje que se enfríe en la nevera 8 horas.

4 Lave y seque las bayas. Corte las fresas por la mitad o a rodajas. Desmolde las tartaletas y cúbralas con las bayas, decore con la cáscara de limón y espolvoree con azúcar lustre.

Tartaletas de naranja
con fresas

También las comerá con la vista: los colores vivos
de las frutas resaltan sobre una crema fina de requesón.

Ingredientes

Para la pasta quebrada:

250 g de **harina**

50 g de **azúcar lustre** · **sal**

125 g de **mantequilla** fría · 1 **huevo**

Para el relleno:

350 g de **queso quark** o **requesón**

80 g de **azúcar**

1 cucharada de **harina**

2 cucharaditas de **cáscara de
limón rallada** y 2 de **cáscara
de naranja rallada**

1 sobre de **vainillina** azucarada

2 **huevos** · 1 **yema de huevo**

1 cucharada de **crema de
leche** espesa

Además:

mantequilla para el molde

1 **naranja** · 150 g de **fresas**

30 g de **avellanas** caramelizadas

20 g de **pistachos** picados

hojas de menta · **azúcar lustre**

Preparación

PARA 1 MOLDE DE BASE DESMONTABLE (16 cm Ø)

1 Ponga la harina sobre la superficie de trabajo, mézclela con el azúcar lustre y una pizca de sal y haga un hueco en el centro. Corte la mantequilla a trozos pequeños y distribúyalos alrededor del hueco. Casque el huevo en el centro y pique los ingredientes con un cuchillo hasta obtener pequeños grumos que amasará rápidamente para conseguir una pasta homogénea. Divida la pasta en 3 porciones, utilice una inmediatamente y congele las otras 2. Precaliente el horno a 220 °C.

2 Extienda dos terceras partes de la pasta, engrase el molde y fórrelo con la pasta. Dore el fondo de tarta en el horno unos 15 minutos. Déjelo enfriar y disminuya la temperatura a 180 °C.

3 Para el relleno, mezcle el quark o el requesón, el azúcar, la harina, la cáscara de limón y la de naranja y la vainillina. Agregue a continuación los huevos, la yema y la crema de leche y mezcle bien.

4 Forme un rollo con la pasta restante, colóquelo contra las paredes del molde y apriételo contra éstas. Vierta dentro la mezcla de requesón y hornee la tarta unos 50 minutos. Déjela enfriar.

5 Pele la naranja con un cuchillo afilado, elimine toda la membrana blanca, sepárela en gajos y pélelos. Lave y seque las fresas.

6 Disponga los gajos de naranja y las fresas sobre la tarta, y cubra con las avellanas y los pistachos. Adorne con las hojas de menta y espolvoree con el azúcar lustre.

Tartaletas de crema
de lima con frutas

Frescas y ligeras: estas pequeñas tartaletas de yogur no necesitan hornearse, aunque no dejan de ser especiales y fáciles de preparar.

Ingredientes

150 g de **yogur**

1 cucharada de **cáscara de lima** rallada

2 cucharadas de **zumo de lima**

4 cucharadas de **azúcar lustre**

2 hojas de **gelatina** blanca

12 cuadrados de **chocolate** y **arroz inflado** (producto comercial)

8 **alquequenjes**

8 **kumquats** (naranjas chinas)

1 **caqui**

Preparación

PARA 12 PIEZAS

1 Mezcle el yogur, la cáscara y el zumo de lima, así como 3 cucharadas de azúcar lustre. Remoje la gelatina en agua fría durante 10 minutos y deslíela sin escurrir en un cazo pequeño. Añádale 2 cucharadas de crema de lima, mezcle bien e incorpore la gelatina a la crema restante, que dejará enfriar unos 30 minutos.

2 Extienda un poco de crema de lima sobre los cuadrados de chocolate y arroz inflado; déjelo enfriar en la nevera 30 minutos. Abra los alquequenjes con cuidado y gire las hojas hacia arriba. Lave los kumquats (naranjas chinas) con agua caliente y córtelos en rodajas. Lave el caqui y córtelo en gajos finos.

3 Alise la crema de lima. Coloque la fruta sobre los cuadrados de forma decorativa y espolvoree con el azúcar lustre.

Los kumquats son una versión en miniatura de las naranjas. Suelen ser ovalados, pero también los hay redondos y se sirven con cáscara. Los alquequenjes ligeramente ácidos están rodeados por una película de textura apergaminada.

Budines de chocolate
con nueces

Preparación
PARA 10 PIEZAS

1 Hierva la leche con la vaina de vainilla. Derrita la mantequilla en un cazo y mézclela con la harina. Saque la vaina de vainilla de la leche y vierta ésta sobre la harina, mezcle bien y déjelo hervir 10 minutos; remueva ocasionalmente. Derrita la cobertura de chocolate picada al baño María. Precaliente el horno a 180 °C.

2 Vierta la mezcla de leche y harina en un cuenco, déjela enfriar ligeramente y mézclela con 2 claras de huevo sin batir. Añada una yema tras otra removiendo cada vez la

mezcla hasta que esté homogénea. Incorpórele la cobertura derretida y las nueces. Monte las claras restantes con el azúcar y añada una cuarta parte a la mezcla anterior removiendo con la batidora de varillas. Incorpore el resto con cuidado.

3 Engrase los moldes (de ¼ de l), espolvoréelos con azúcar y distribuya en el fondo las nueces. Vierta la masa en los moldes con una manga hasta ¾ de su capacidad. Póngalos al baño María y hornéelos 25-30 minutos.

92

Ingredientes

¼ de l de **leche**

1 **vaina de vainilla**

125 g de **mantequilla**

125 g de **harina**

100 g de **cobertura de chocolate** negra

10 **claras de huevo** · 8 **yemas de huevo**

100 g de **nueces** tostadas y molidas

100 g de **azúcar**

mantequilla y **azúcar** para los moldes

100 g de **nueces** groseramente picadas

Ingredientes

Para la pasta:

200 g de **mazapán**

120 g de **azúcar**

pulpa de 1 **vaina de vainilla** · 1 **huevo**

120 ml de **leche**

70 g de **harina**

30 g de **cacao en polvo**

Para el relleno:

300 g de **crema de leche** espesa

4 cucharadas de **licor de café**

Además:

mantequilla y **harina** para la placa

de hornear

virutas de chocolate

Milhojas de mazapán
con crema de café

Preparación
PARA 4 PERSONAS

1 Mezcle el mazapán con el azúcar, la vainilla, el huevo y la leche con la batidora eléctrica. Tamice la harina y el cacao en polvo encima y mézclelo bien. Tamice la preparación y déjela reposar 1 hora. Engrase y enharine el molde. Precaliente el horno a 190 °C.

2 Corte una corona de cartón o plástico (diámetro interno 8 cm, borde de 4 a 5 cm) y colóquela sobre la placa de hornear; vierta un poco de masa en el centro de la corona y extiéndala con una espátula formando una capa fina. Retire la plantilla y repita la operación hasta llenar la placa. Hornee los discos de 6 a 7 minutos. Saque la placa del horno, retire los discos inmediatamente y déjelos enfriar. Continúe hasta acabar la pasta.

3 Monte la crema de leche con el licor de café y altérnela con los discos de pasta, terminando con una capa de crema decorada con virutas de chocolate.

Tartaletas de ricotta
al limón

Perfectas y muy sencillas: las tartaletas de pasta quebrada
rellenas de crema de ricotta al limón agradan a todos.

Ingredientes

Para la pasta quebrada:

100 g de **harina**

2 cucharadas de **azúcar**

50 g de **mantequilla** fría · **sal**

Para el relleno:

3 hojas de **gelatina** blanca

250 g de **queso ricotta** fresco

3 cucharadas de **azúcar**

pulpa de 1 **vaina de vainilla**

2 cucharadas de **ralladura
de limón**

50 ml de **zumo de limón**

1 trozo de **cáscara de lima**

Además:

mantequilla para los moldes

legumbres para hornear a ciegas

Preparación

PARA 4 PIEZAS

1 Amase la harina con el azúcar, la mantequilla a trozos, 1 cucharada
de agua y una pizca de sal hasta obtener una pasta homogénea;
déle forma de bola, envuélvala en película de plástico y déjela
reposar en la nevera 1 hora. Extienda la pasta entre 2 hojas de
papel sulfurizado.

2 Caliente el horno a 200 °C. Engrase los moldes de tartaletas
de borde ondulado y fórrelos con la masa.

3 Recorte el papel de hornear según la forma de las tartaletas,
póngalo sobre éstas y cubra los moldes con las legumbres y
hornee unos 20 minutos a ciegas. Saque los moldes del horno,
retire las legumbres y el papel. Desmolde las tartaletas y déjelas
enfriar sobre una rejilla.

4 Remoje la gelatina en agua fría. Mezcle el ricotta, el azúcar, la
vainilla, el limón y el zumo de limón. Deslíe la gelatina sin escurrir
en un cazo pequeño. Mézclela con 3 cucharadas de la crema
anterior y a continuación con el resto de la misma.

5 Rellene las tartaletas con la crema y déjelas cuajar en la nevera
durante 3 horas. Corte la cáscara de lima a tiras y adorne con ellas
las tartaletas.

Índice de recetas

96

BLUME

Título original:
Neue Torten

Traducción:
Maite Rodríguez Fischer

Revisión de la edición en lengua española:
Ana María Pérez Martínez
Especialista en temas culinarios

Coordinación de la edición en lengua española:
Cristina Rodríguez Fischer

Primera edición en lengua española 2002
Reimpresión 2003, 2004 (2), 2005, 2006, 2008

© 2002 Naturart, S.A. Editado por BLUME
Av. Mare de Déu de Lorda, 20
08034 Barcelona
Tel. 93 205 40 00   Fax 93 205 14 41
E-mail: info@blume.net
© 2002 Verlag Zabert Sandmann GmbH, Múnich

ISBN: 978-84-8076-450-6
Depósito legal: B. 13.649-2008
Impreso en Filabo, S.A., Sant Joan Despí (Barcelona)

Créditos fotográficos

Sobrecubierta: StockFood/Michael Brauner (portada); StockFood/S. & P. Eising
(contraportada, derecha); StockFood/Susie Eising (contraportada, izquierda y centro).

Walter Cimbal: 21, 30, 33, 34-35, 40, 52, 53, 68, 69; Karld Newedel: 46; StockFood/
Ian Bagwell: 25; StockFood/Bayside: 24, 92; StockFood/Uwe Bender: 27, 43; StockFood/
Harry Bischof: 19, 51, 71, 73; StockFood/Michael Brauner: 37; StockFood/Jean Cazals: 93;
StockFood/S. & P. Eising: 7 (sd, c), 23, 31, 39, 45, 63, 83, 95; StockFood/Susie Eising: 7
(segunda de siz, iiz), 8 i, 13, 15, 47, 49, 59, 61, 65, 74-75, 79, 80, 85, 91; StockFood/Wieder Frank:
29, 55, 87; StockFood/J.-F. Hamon: 81; StockFood/Douglas Johns: 16, 56-57, 67;
StockFood/Ulrike Köb: 86; StockFood/Joerg Lehmann: 77; StockFood/Prop-Light-Service:
2-3; StockFood/Bodo A. Schieren: 4-5; StockFood/Studio R. Schmitz: 10-11, 17;
StockFood/Smith Simon: 41, 62; StockFood/Maximilian Stock LTD: 6 d, 7 sd; StockFood/
Studio Bonisolli: 6 iz; StockFood/Martina Urban: 89; StockFood/Verlag Zabert Sandmann:
7 (segunda de iiz), 8 s, 9.